SVEN KUMMEREINCKE

Hamburg
für Klugscheißer

Populäre Irrtümer
und andere Wahrheiten

KLARTEXT

BILDNACHWEIS

Archäologisches Museum Hamburg: 16; Reinhard Breitenstein Sportsphotography: 56 o.; imago/photothek: 36; Andreas Laible/Hamburger Abendblatt: 4; dpa: 65; Funke Foto Services: Thorsten Ahlf: 41, 57 u., 61 u., 66/67, 84; Klaus Bodig: 21, 68; Marcelo Hernandez: 63; Sven Kummereincke: 25; F. Laeisz GmbH: 42/43, 42o.; picture alliance/arkivi: 82, 83; picture alliance/chromorange: 46/47; picture alliance/dpa: 40, 41, 77; picture alliance/dpa/Soeren Stache: 89; picture alliance/imageBROKER: 58; picture alliance/Imagno/Christian Skrein: 18; picture alliance/ullsteinbild: 45, 54; picture alliance/United Archives/Pilz: 81; Wikipedia: CC BY-SA 3.0 Michail Jungierek – Eigenes Werk: 39; Vitavia – Eigenes Werk: 93; CC BY-SA 3.0 KMJ – Eigenes Werk: 94; mit freundlicher Genehmigung von Gerhard Pietsch: 101; CC BY-SA 2.0 Dirk Ingo Franke – Eigenes Werk; gemeinfrei: 22/23, 31, 43, 59, 70/71, 97, 98, 99, 100

Adobe Stock: S. 3: ©Marco2811 o., ©Christin u.; S. 4/5: ©jotily; S. 6/7: ©Marco2811; S. 7: ©Increa; S. 8: ©F. Krawen o., ©beeboys u.; S. 9: ©bioraven o., ©kameraauge u.; S. 10: ©Ljupco Smokovski; S. 11: ©Calado; S. 15: ©roadrunner r., ©Sascha Burkard l.; S. 19: ©etfoto; S. 20: ©eyewave; S. 24: ©tiero; S. 26/27: ©nikwaller; S. 28/29: ©Christian Charisius/REUTERS; S. 30: ©christian-haidl.de; S. 32/33: ©Udo Kruse; S. 34: ©Dr. N. Lange; S. 35: ©Juulijs; S. 37: ©rcfotostock; S. 48/49: ©Ralf Gosch; S. 50/51: ©thorabeti; S. 51: ©powell83; S. 52/53: ©oscity; S. 55: ©eric; S. 56: ©Lars Niebling; S. 62: ©NilsZ; S. 70/71: ©hallona u.; S. 72/73: ©travelview; S. 73: ©Dirk; S. 75: ©JFL Photography; S. 76: ©Starpics; S. 78: ©Benjamin Wilke; S. 79: ©Bastian Scheefe; S. 82/83/84: ©estherpoon; S. 85: ©gert hochmuth; S. 86: ©ExQuisine o.; S. 88: ©everettovrk; S. 90: ©busch30; S. 91: ©Vlada Z; S. 95: ©coastoak; S. 103: ©powell83; S. 104: ©TimosBlickfang o., ©Rangzen m., ©Martina Berg u.

Der Verlag hat sich bemüht, die Urheberrechtsinhaber aller Abbildungen ausfindig zu machen. Sollten geltende Rechte nicht berücksichtigt sein, bitten wir um Nachricht an den Verlag.

Bibliografische Information der Deutschen Nationalbibliothek
Die Deutsche Nationalbibliothek verzeichnet diese Publikation in der Deutschen Nationalbibliografie; detaillierte bibliografische Daten sind im Internet über http://dnb.dnb.de abrufbar.

IMPRESSUM

2. Auflage Juli 2020

Layout und Satz: Ina Zimmermann

Umschlagfotos: Funke Foto Services/Thorsten Ahlf (Pudel, Straßenschild); picture alliance/Mary Evans Picture Library (Alfred Nobel); Oliver Hilterhaus; ©Bastian Scheefe/stock.adobe.com; ©powell83/stock.adobe.com; ©Ronny Gängler/stock.adobe.com; ©Heike/stock.adobe.com; ©by-studio/stock.adobe.com

Druck und Bindung: Griebsch & Rochol Druck GmbH, Gabelsbergerstraße 1, D-59069 Hamm

© Klartext Verlag, Essen 2020

Alle Rechte vorbehalten

ISBN 978-3-8375-2204-4

KLARTEXT

Jakob Funke Medien Beteiligungs GmbH & Co. KG
Jakob-Funke-Platz 1, 45127 Essen
info@klartext-verlag.de, www.klartext-verlag.de

Inhalt

Der Autor

Sven Kummereincke, Jahrgang 1967, ist fasziniert von allem Historischen, seit er als Kind Bücher über Römer und Wikinger verschlungen hat. Heute ist er stellvertretender Leiter der Lokalredaktion beim Hamburger Abendblatt und Autor verschiedener Bücher über die Stadt Hamburg und ihre Geschichte.

Zum Geleit

Sind Sie adlig? Falls ja: kein Problem. Sie sind trotzdem in Hamburg willkommen. Da sind wir tolerant geworden. Ja, geworden, und nein, das war natürlich nicht immer so. Die Aristokratie war in dieser Stadt jahrhundertelang verpönt. Hamburg hat seit dem Mittelalter weder einem Fürsten noch einem Pfaffen gestattet, die Stadt zu regieren. Es war eine Bürgerrepublik. Was aber nicht mit Demokratie verwechselt werden sollte – es war stets nur ein kleiner und reicher Teil der Bevölkerung, der das Sagen hatte: das Patriziat. Also Geldadel ... Ein Hamburger Schloss wird man jedenfalls vergeblich suchen. Adligen war es im alten Hamburg sogar verboten, Grundbesitz zu erwerben und die Bürgerrechte zu erlangen. Als Kaiser Wilhelm II. zu Beginn des 20. Jahrhunderts den Hamburger Rudolf Schröder in den Adelsstand erheben wollte, merkte Bürgermeister Johann Burchard trocken an, er könne ihn höchstens darin versetzen – denn einen Hamburger Kaufmann könne man gar nicht mehr erheben. Gern wurde dann der hanseatische Grundsatz zitiert: „Über Dir kein Herr, unter Dir kein Knecht!"

Dieses Denken hat die Stadt jedenfalls stark geprägt, es ist Teil unserer DNA. Pragmatismus, Toleranz und Liberalität gehörten genauso dazu wie eine gewisse Borniertheit gegenüber allem, was keine Einnahmen verspricht. Kunst und Wissenschaft hatten es wahrlich nicht immer leicht in dieser Stadt ... Manche sagen, dass es die Stadt bis heute Neuankömmlingen nicht leicht mache. Doch das stimmt nicht – Hamburg ist nur nicht wie das Mädchen, das einen schon am ersten Abend leidenschaftlich küsst. Ein wenig Geduld muss man schon haben. Es wird sich lohnen. Versprochen.

Aha

Steckbrief

Name: Hamburch
Früheste menschliche Spuren: Altsteinzeit (15.000 v. Chr.)
Erste Besiedlung: 4. Jahrhundert v. Chr. (germanische Dörfer)
Gründung Hamburgs: Bau der Hammaburg in der zweiten Hälfte des 8. Jahrhunderts
Stadtrechte: 1189
Gruß: Moin
Einwohner: 1,89 Millionen (2019)
Größtes Volksfest: Hafengeburtstag
Berge: Der Hasselbrack misst stolze 11.620 Zentimeter ...
Traditionsessen: Labskaus/Pannfisch/Birnen, Bohnen und Speck
Flughäfen: Hamburg Airport Helmut Schmidt/Betriebsflughafen Airbus
Sport: neben Fußball vor allem Hockey, Rudern, Kanu, Segeln
Schwarze Stunde: „Operation Gomorrha" im Sommer 1943 – bei den Bombenangriffen starben mindestens 43.000 Menschen.

HAMBURG

WANDSBEK

EIMS-
BÜTTEL

NORD

ALTONA

MITTE

HARBURG

BERGEDORF

Zahlen und Fakten

Etwa **1,29 Millionen Menschen** arbeiten in Hamburg.

Rund **87 Prozent** von ihnen sind im Dienstleistungssektor tätig.

Der durchschnittliche Brutto-Stundenlohn betrug 2018 genau

38,06 Euro – das ist der höchste Wert aller 16 Bundesländer.

Täglich pendeln rund **350.000 Arbeitnehmer** zum Arbeiten nach Hamburg – etwa

110.000 Hamburger arbeiten in einer anderen Stadt.

In Hamburg gibt es **112.000 Studierende** an **24 Hochschulen**, darunter **13 private**.

Die größte ist die Hamburger Universität **(43.000)**, gefolgt von der Hochschule für Angewandte Wissenschaften **(17.000)** und der Technischen Universität **(7800)**.

Wir sind ...

In Hamburg leben **1,89 Millionen Menschen** – so viele wie nie zuvor. Die Frauen sind mit 960.000 leicht in der Überzahl. In der Rangliste der weltweit größten Städte liegt Hamburg auf Platz 168.

Seit dem Jahr 2000 ist die Bevölkerungszahl um **180.000** gestiegen.

Jährlich verlassen rund **90.000 Menschen** die Stadt, etwa **100.000** ziehen nach Hamburg.

Seit Jahren hat Hamburg einen Geburtenüberschuss – 2018 gab es **21.200 Geburten** und **17.700 Todesfälle**.

326.000 Hamburger sind Ausländer, 670.000 oder **35 Prozent** haben einen Migrationshintergrund.

16,4 Prozent der Hamburger sind jünger als 18 Jahre, **18,1 Prozent** älter als 65.

54,5 Prozent der rund 1.080.000 Haushalte werden nur von einer Person bewohnt.

Durchschnittsalter: **42,1 Jahre**

Unsere Kinder

2018 wurden **21.200 Kinder** geboren, das entspricht 11,3 pro 1000 Einwohner.

Rund **18 Prozent** der Hamburger Haushalte haben Kinder, ein Viertel davon sind Alleinerziehende.

Die beliebtesten Namen 2019:
Hanna, Emilia, Emma, Mia, Charlotte
Finn, Leon, Luis, Noah, Matteo

Moin

Dass man in Hamburg an jedem Ort und zu jeder Tages- und Nachtzeit mit einem schlichten „Moin" als Gruß richtig liegt, ist natürlich kein Irrtum, sondern die reine Wahrheit. Morgens beim Bäcker ist es genauso richtig wie abends in der Kneipe; der Busfahrer wird es ebenso goutieren wie der Bürgermeister. Dass alle, die ein herzhaftes „Moin, Moin" von sich geben, bereits als Schwätzer gelten, ist allerdings eine Fehlinformation. Das doppelte Moin ist durchaus akzeptiert und gilt eher als Ausdruck guter Laune. Alle Gäste, die nicht nur Hamburg, sondern noch nördlichere Gefilde Deutschlands bereisen, seien aber gewarnt: Nicht alle sind so tolerant wie Hamburger. In Dithmarschen oder Nordfriesland beispielsweise gelten Dialoge wie

bereits als erschöpfendes Gespräch. Mit strenger verbaler Zurückhaltung können Sie sich der Dankbarkeit der Friesen und Dithmarscher sicher sein. Auch wenn es Ihnen niemand sagen wird …

Eine deutsche Stadt

Ist Hamburg eine deutsche Stadt? Die Frage erscheint erst einmal außerordentlich dämlich, ist aber gar nicht so absurd, wie es zunächst scheint. Beginnen wir mit dem Wort „eine": Eigentlich besteht Hamburg aus vier, genau genommen sogar fünf Städten. Da ist zum Beispiel Bergedorf im Südosten, das schon eine Stadt war, als es 1420 von Hamburg und Lübeck erobert und mehr als 400 Jahre lang gemeinsam verwaltet wurde. Seit 1867 gehört es offiziell zu Hamburg, hat aber bis heute sein Eigenleben bewahrt. Hamburg in seinen heutigen Grenzen existierte sogar erst seit 1937. Bis dahin nämlich waren Wandsbek im Osten, Altona im Westen und Harburg im Süden eigenständige Städte mit eigenen Verwaltungen und Bürgermeistern. „Vier-Städte-Gebiet" war der weit verbreitete Begriff für das Ballungszentrum, in dem die Grenze manchmal in der Mitte einer dicht besiedelten Straße verlief.

All das fand mit dem „Groß-Hamburg-Gesetz" sein Ende, mit dem Hamburg die anderen Städte eingemeindete, aber auch Gebiete abtreten musste, zum Beispiel Geesthacht elbaufwärts und Cuxhaven an der Elbmündung, das seit dem Spätmittelalter als Stützpunkt zu Hamburg gehört hatte, um die Schifffahrt zu sichern.

Dann wäre da noch die Frage nach der „deutschen" Stadt, die viele Jahrhunderte ungeklärt war. Zum einen, weil die dänischen Könige die Stadt für sich beanspruchten; zum anderen aber, weil die Stadtväter lange gar keinen Wert darauf legten, offiziell eine deutsche Reichsstadt zu werden. Sie lavierten lieber politisch zwischen Dänemark und Deutschland, um politisch daraus Vorteile zu ziehen – um zum Beispiel keine Abgaben zahlen und Soldaten stellen zu müssen. Erst 1768 wurde im „Gottorper Vertrag" geregelt, dass Dänemark auf alle Ansprüche verzichtet. Gegen eine Geldzahlung, versteht sich.

Dennoch wechselte Hamburg noch einmal seine „Nationalität". 1806 besetzten Truppen Napoleons die Stadt, 1811 wurde Hamburg sogar offiziell eine französische Stadt – drei Jahre später endete dieses Kapitel mit der Niederlage Napoleons. Die „Franzosentid" (Franzosenzeit) ist aber noch heute ein gängiger Begriff.

Ausgerechnet Bremen!

Wie langweilig wäre das Leben doch ohne Rivalitäten. Das gilt für Unternehmen wie für Sportler, für Wissenschaftler und natürlich auch für Städte. Hamburg misst sich dabei aber nicht etwa mit anderen Millionenstädten (schon gar nicht preußischen, rheinländischen oder gar bayerischen) – nein, unser Lieblingsgegner ist natürlich Bremen.

Hamburger und Bremer sind einander in herzlicher Abneigung verbunden, das wird beiderseits traditionell gepflegt, und zwar keineswegs nur im Fußball. Dass wir uns eigentlich schätzen und mögen, würden wir niemals zugeben.

„Hamburg ist das Tor zur Welt, aber Bremen hat den Schlüssel dazu", ist ein klassischer Spruch, der natürlich Bezug auf das Bremer Stadtwappen nimmt. „Das Schönste an Bremen ist die Autobahn nach Hamburg", kommt dann gern zurück, oder auch: „Bremen, der Vorort von Delmenhorst". Einig ist man sich eigentlich nur in der Existenzberechtigung von Stadtstaaten und der Geringschätzung Hannovers.

Diese Rivalität hat natürlich in erster Linie damit zu tun, dass es so viele Gemeinsamkeiten gibt: Zwei alte Hansestädte mit den beiden größten deutschen Seehäfen, alter Kaufmannstradition, sehr viel Bürgerstolz, Liberalität, Gelassenheit und Pragmatismus. Nur dass das meiste in Bremen eben eine Nummer kleiner ist: die Stadt, der Fluss, der Hafen. Und auch das Rathaus, das ist aber eben auch bedeutend älter und (zugegebenermaßen) schöner. Eigentlich fing alles schon vor mehr als 1000 Jahren an, als das Erzbistum gegründet wurde mit dem Heiligen Ansgar als ersten Bischof. Der hatte seinen Sitz in Hamburg – bis dänische Raufbolde im Jahr 845 die Hammaburg stürmten und plünderten und Ansgar nach Bremen flüchtete. Was uns die Bremer nie verziehen haben, denn die mussten sich noch Jahrhunderte später mit dem Erzbischof darüber streiten, ob die Bürger oder die Kirche in der Stadt das Sagen haben ...

So richtig in ihrem Stolz verletzt wurden die Bremer auch 1970 – wegen einer Fusion. Denn die traditionsreiche Reederei Norddeutscher Lloyd verschmolz mit der Hamburger Hapag zu Hapag-Lloyd – die neue Großreederei nahm ihren Sitz aber in Hamburg direkt an der Alster. Ein wenig Genugtuung gab es 2016, als die Bremer Lürssen-Werft Hamburgs größte Werft Blohm+Voss übernahm.

Der größte Bremer Triumph wird aber an ganz anderer Stelle sichtbar: am Hamburger Rathaus. An der Fassade des 1897 eingeweihten Prunkbaus sind aus alter Verbundenheit viele Wappen anderer Hansestädte angebracht. Und das Bremer prangt (ausgerechnet) direkt über dem Bürgermeister-Amtszimmer ganz auf der rechten Seite. Doch damit nicht genug: Der gegenwärtige Erste Bürgermeister Peter Tschentscher wurde wo geboren? Genau, in Bremen ...

Die Alster-Metropole

Hamburg ist eine Stadt an der Elbe. Das ist zugegebenermaßen nicht gerade eine Insider-Information – aber die kommt jetzt: Hamburg war nämlich keineswegs schon immer eine Stadt an der Elbe.

Rekonstruktion der Hammaburg im heutigen Stadtbild

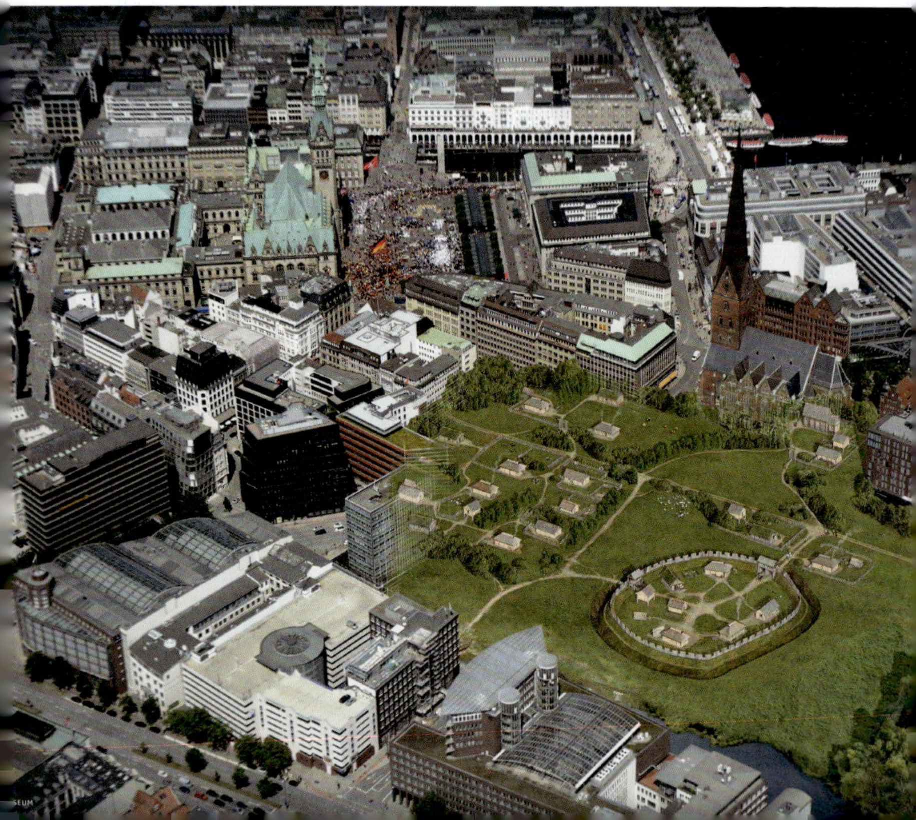

Denn die namensgebende Hammaburg wurde im 8. Jahrhundert auf einer Landzunge gebaut, die von drei Seiten von der Alster und der Bille umflossen wurde. Südlich davon vereinigten sich beide und flossen dann in die Elbe. Der Wortursprung von „hamma" liegt im Altgermanischen und bedeutet Biegung/Landzunge.

Die Hammaburg, nach der lange vergeblich gesucht wurde, ist mittlerweile sicher lokalisiert: Sie stand auf dem heutigen Domplatz, südlich der Petrikirche. Nach Alsterarmen sucht man allerdings vergeblich. Der Fluss wurde im 13. Jahrhundert aufgestaut, was Hamburg den berühmten See mitten in der Stadt bescherte; die Wasserläufe wurden vielfach umgeleitet und mit Kanälen (die wir in Hamburg Fleete nennen) ergänzt.

Die ersten Häfen der Stadt waren logischerweise Alsterhäfen, auch wenn es sich zunächst eher um schlichte Anlegestellen handelte. Der erste größere Hafen entstand Ende des 12. Jahrhunderts, als die Neustadt gegründet wurde, die ein paar Hundert Meter westlich der Keimzelle liegt. Jetzt begann das rasante Wachstum der vormals nicht sehr bedeutenden Siedlung, und an einem Alsterarm (dem heutigen Nikolaifleet) wurden Hafenanlagen errichtet. Nun begannen die Hamburger mit Eindeichungen und erschlossen so das Land direkt an der Elbe. Weil die Alster wegen der Aufstauung immer weniger Wasser führte, wurde der Hafen bald an die Mündung zur Elbe verlegt. Dieser älteste Teil des heutigen Hafens ist der Binnenhafen nördlich der Speicherstadt.

Die erste kleine Siedlung (Hamburg hatte im 9. Jahrhundert wohl nur 200 Einwohner) direkt an der Elbe zu gründen, wäre jedenfalls nicht sehr clever gewesen: Zum einen wegen der Sturmfluten, zum anderen, weil man bis auf den Fluss im Süden zu drei Seiten ungeschützt gewesen wäre. Die Hammaburg lag hingegen leicht erhöht auf einem Geestrücken und war von drei Seiten von Wasser umgeben. Was allerdings auch nichts genützt hat, als 845 die Wikinger kamen und die Hammaburg plünderten und zerstörten. Aber das ist eine andere Geschichte.

Viel mehr als nur Rotlicht

Ach, St. Pauli! Es sind so viele Bücher geschrieben und Filme gedreht
worden über diesen berühmtesten der 104 Hamburger Stadtteile, was soll
man da in wenigen Zeilen beschreiben? Es ist eben ein Mythos, der sich
immer wieder neu erfindet (und vermarktet). Ja, Sex und Drogen gibt es
immer noch an jeder Ecke zu kaufen, aber St. Pauli ist so viel mehr. Hier
gibt es die besten Musik-Clubs, die spannendsten Kneipen, hervorragende
Theater – und hier lebt immer noch ein ganz besonderer Menschenschlag.
St. Paulianer sind ärmer, direkter, hilfsbereiter, härter, frotzeliger und
solidarischer als die Menschen irgendwo sonst in dieser Stadt.

Mit ein paar Legenden sei an dieser Stelle auch aufgeräumt:
Die „Große Freiheit" war eine Straße in Altona – zu St. Pauli gehört sie erst
seit 1937. Sie heißt auch nicht etwa so, weil es hier in Sachen Prostitution
und schlüpfriger Bühnendarstellungen liberal zugegangen wäre, sondern
weil in Altona (im Gegensatz zu Hamburg) Religionsfreiheit galt. Katholiken,
Mennoniten und andere Nicht-Lutheraner durften sich hier als Handwerker
niederlassen.

Die Beatles hatten
ihren ersten Auftritt
keineswegs im Star
Club, sondern im
Indra – den Club an
der Großen Freiheit
gibt es heute noch und
er ist unbedingt einen
Besuch wert.

Die Beatles bei ihrer Ankunft in Hamburg 1965

Die Davidwache ist eigentlich schlicht das Polizeikommissariat 15. Weil die an der Davidstraße gelegene Wache aber im Volksmund seit Ewigkeiten eben Davidwache heißt, erlaubte die Innenbehörde 1970, dass sie auch offiziell so heißen möge. Der Name Davidstraße hat übrigens keinen besonderen Hintergrund – Ende des 18. Jahrhunderts ordneten die Stadtväter die alphabetische Benennung von Straßen mit Vornamen an. Daher gibt es unter anderem auch die Erich- und die Gerhardstraße auf St. Pauli.

Auch die berühmte Herbertstraße hat daher ihren Namen. Dort sitzen bekanntlich Prostituierte in Schaufenstern – und die Straße ist an beiden Seiten mit einem Sichtschutz versehen, was natürlich die Neugier steigert. Aufgestellt wurde er 1933 auf Veranlassung der Nationalsozialisten, die Prostitution offiziell verboten hatten. Weil das aber natürlich nicht durchsetzbar war, wurde sie nur in der Herbertstraße geduldet. Was aber keiner sehen sollte.

Hans Albers übrigens ist kein St. Paulianer (auch wenn sein Denkmal auf dem nach ihm benannten Platz steht) – er wurde in St. Georg geboren. Und in dem Ufa-Klassiker „Große Freiheit Nr. 7" trinkt er „Bill-Bräu" und keineswegs das auf St. Pauli gebraute Astra.

„Zutritt für Jugendliche unter 18 und Frauen verboten" – die berühmt-berüchtigte Herbertstraße

Hans-Albers-Denkmal

Haste mal 'ne Mark?

Die Steuerschuld ist ja bekanntlich fast genauso alt wie die Steuer an sich. In Hamburg allerdings gab es bis 1918 eine ganz besondere Form der Steuerschuld – und die betraf ausschließlich ebenso wohlhabende wie grundsätzlich zahlungswillige Bürger. Diese gar nicht so kleine Gruppe zahlte alljährlich exakt eine Mark zu wenig. Die unvermeidlichen Mahnungen wurden so lange ignoriert, bis es zur Pfändung kam – dann wechselte die eine Mark in das Steuersäckel. Der Grund für dieses merkwürdige Gebaren war, man kann es nicht anders sagen, Drückebergertum: Die säumigen Zahler wollten unbedingt vermeiden, in ein öffentliches Amt berufen zu werden. Um das zu erklären, muss man sich die bis 1919 geltende Verfassung anschauen. Die übrigens nicht nur völlig undemokratisch, sondern auch aus anderen Gründen selbst für damalige Verhältnisse altertümlich war. So durfte nur ein öffentliches Amt bekleiden, wer über Grundbesitz in der damals ja viel kleineren Stadt verfügte. Was dazu führte, dass es Grundstücke gab, die in kleinste Parzellen aufgeteilt wurden, um ambitionierten Hamburgern den Weg ins Rathaus zu ermöglichen. Schließlich galt es als höchste Ehre, in den Senat berufen zu werden.

Nun war es aber auch so, dass Grundbesitzer nicht nur Rechte hatten – sondern auch Pflichten. Und es war verboten, ein Amt abzulehnen. Wer das tat, verlor nicht nur seinen Ruf, sondern auch sein Bürgerrecht.

Aufgaben in einer Deputation (heute würde man Fachbehörde sagen) oder gar im Senat waren allerdings eher schlecht bezahlt und sehr arbeitsintensiv. Viele Kaufleute mussten ihren Beruf aufgeben, wenn sie in den Senat gewählt wurden. Zurücktreten durfte man aber auch nicht, das war frühestens nach sechs Jahren Amtszeit oder ab 60 Jahren möglich. Deswegen flüchteten sich manche in die Steuerhinterziehung – denn wer der Stadt Geld schuldete (und sei es nur eine Mark), konnte natürlich kein Amt bekleiden.

Einzug des Senats in das neue Rathaus, 1897.
Gemälde von Hugo Vogel

Sieger auf dem Exerzierplatz

Ja, ja, der Fußball hat in Hamburg schon erfolgreichere Tage erlebt. Deswegen geht es jetzt auch sofort in die Vergangenheit, gewissermaßen in die Antike des deutschen Fußballs. In das Jahr 1903, als der gerade drei Jahre alte Deutsche Fußball-Bund die erste Deutsche Meisterschaft austragen ließ. Zugegeben: Es war nie wieder so einfach, den Titel zu gewinnen. Denn

nur sechs (!) Vereine machten überhaupt mit. Dabei hatte der DFB immerhin 86 Gründungsclubs, darunter auch den SC Victoria Hamburg und Altona 93. Letzterer war einer der sechs Teilnehmer – und hatte die Ehre, das erste Endspiel veranstalten zu dürfen. Die ehrwürdige Adolf-Jäger-Kampfbahn, in der der Verein bis heute seine Spiele austrägt, gab es leider noch nicht: Das Stadion wurde erst 1908 eröffnet.

Andere gab es aber auch nicht, und so entschied man sich für einen Exerzierplatz, auf dem das Finale am 31. Mai 1903 stattfinden sollte. Leider ohne Altona 93 – das Team um Kapitän Franz Behr verlor das Halbfinale beim VfB Leipzig.

Der Gegner hieß DfC Prag – und das ist aus vielen Gründen kurios. Warum Prag bitte? Einen tschechischen Staat gab es damals zwar noch nicht, aber die Stadt gehörte zu Österreich-Ungarn. Mitmachen durfte der Verein, weil er hauptsächlich deutsche Studenten als Mitglieder hatte. Und die hatten erst Glück und waren dann reichlich unfair: Ins Halbfinale kamen sie kampflos (sechs reichen ja nicht für ein Viertelfinale). Dieses Semifinale sollte in Leipzig stattfinden, gegen Karlsruhe. Doch ein betrügerischer Prager Student schickte ein Telegramm nach Baden: Das Spiel sei verlegt. Also reisten die Karlsruher nicht an, und die Studenten kamen mit dem Foulspiel durch und zogen, abermals kampflos, ins Finale ein.

Den Trip nach Hamburg nutzten die Prager Jungs für einen ausgiebigen Reeperbahnbummel, was ihnen beim Spiel am Tag darauf aber nicht gut bekam: Die Leipziger (und die Gerechtigkeit) siegten, in diesem Fall mit 7:2. Altonas Stürmer Franz Behr hatte übrigens die Tore aufgebaut, das Spielfeld abgemessen und war Kassierer (immerhin kamen rund 2000 Besucher). Ach ja, Schiedsrichter war er auch noch. Allerdings musste er verspätet anpfeifen, denn zunächst hatte man eine Kleinigkeit vergessen – niemand hatte einen Ball mitgebracht ...

Der Ort dieses historischen Finales müsste nun eigentlich eine Kultstätte für Fußball-Romantiker sein. Aber den Exerzierplatz gibt es natürlich nicht mehr. Auch keine Wiese. Ein schnödes Gewerbegebiet wurde dort errichtet. Immerhin haben vor ein paar Jahren einige Enthusiasten (nicht der DFB) eine kleine Gedenktafel installiert.

Ein Besuch lohnt sich also nicht wirklich. Ganz im Gegensatz zur Adolf-Jäger-Kampfbahn, in der das Herz jedes Fußball-Romantikers aufgeht. Nicht nur wegen des schönen alten Stadions, auch wegen der sehr kreativen und lustigen Fanszene – und die vielleicht besten Fischbrötchen der Stadt gibt es auch noch (geliefert von „Brücke 10" direkt an den Landungsbrücken). Noch ein Jahr älter übrigens ist das Hoheluft-Stadion des SC Victoria mit einer wunderschönen Holztribüne. Fischbrötchen gibt es dort zwar nicht, aber eine sehr ordentliche Bratwurst.

Der Eingang der Adolf-Jäger-Kampfbahn steht unter Denkmalschutz.

Aha

Beleidigen verboten!

Es ist gesetzlich verboten, zu beleidigen, zu verletzen und zu töten. Ach was, werden Sie sagen. Bei diesem Gesetz aus dem Jahre 1664 geht es allerdings nicht um Menschen, sondern um Schwäne.

Hamburgs berühmte Alsterschwäne, genauer gesagt. Sie gelten als Symbol der städtischen Freiheit, und der Legende nach würde Hamburg sie verlieren, wenn es keine Schwäne mehr geben sollte. Und so gibt es bis heute einen städtischen Beamten, der sich um sie kümmert: den „Schwanenvater". Er pflegt verletzte Tiere, fängt alle im Herbst ein und bringt sie ins Winterquartier und im Frühling wieder zurück. Und achtet darauf, dass sie ja keiner beleidigt ...

Aha

Airbus 380 in der Lackiererei des Airbus-Werks in Finkenwerder

Fliegen können wir auch

Natürlich ist auch in Hamburg der Dienstleistungssektor der wirtschaftlich bedeutendste; der Hafen hat auch noch immer große Bedeutung und der Medienstandort gehört noch immer zu den wichtigsten in Deutschland. Eine wirklich überragende wirtschaftliche Position hat Hamburg aber in einem anderen Sektor: der Luftfahrtindustrie. „Lufthansa Technik" am Flughafen Fuhlsbüttel und natürlich Airbus sind die größten Arbeitgeber – insgesamt arbeiten mehr als 40.000 Menschen in der Luftfahrtbranche, zu der rund 300 Zulieferbetriebe und mehrere Forschungseinrichtungen gehören. Damit ist Hamburg der drittgrößte Standort der Welt: nach Seattle und Toulouse. Diese Entwicklung fußt auf einer langen Tradition. Der Flughafen Fuhlsbüttel (der heute offiziell Hamburg Airport Helmut Schmidt heißt) wurde bereits 1911 eröffnet und ist einer der ältesten Deutschlands. Auf Finkenwerder nahm 1933 „Hamburger Flugzeugbau" die Produktion auf, damals eine Tochter der Schiffswerft Blohm+Voss. Das war die Keimzelle des heutigen Airbus-Werks.

Backstein-Expressionisten

Für viele ist es das architektonische Juwel Hamburgs: das Kontorhaus-viertel in der südlichen Altstadt. „Backstein-Expressionismus" nennen Experten den vorherrschenden Baustil, dessen Blüte hier in den 1920er-Jahren zum Tragen kam.

Das berühmteste (und wohl auch schönste) Haus des Viertels ist das Chile-haus, das von 1922 bis 1924 entstand. Der Unternehmer Henry Sloman, einer der reichsten Hamburger seiner Zeit, beauftragte den Architekten Fritz Höger mit dem Bau, dessen spitz zulaufende Form an einen Schiffsbug erinnert. Seinen Namen erhielt es, weil Sloman sein Vermögen vor allem mit dem Chile-Handel gemacht hatte.

Das Chilehaus

Kontorhaus Dovenhof um 1900

Das erste Kontorhaus ist sehr viel älter: Es ist der 1886 fertiggestellte Dovenhof. Es war der erste Bau nach nordamerikanischem Vorbild und ein reines
Büro- und Handelsgebäude. Der Dovenhof verfügte über einen „Paternoster",
es war der erste Fahrstuhl auf dem europäischen Kontinent. Noch heute
macht es fassungslos, dass diese architektonische Perle (die den Krieg weitgehend unbeschadet überstanden hatte) 1967 abgerissen wurde, um einem
Hochhaus Platz zu machen, in das der „Spiegel" einzog.
Die meisten der gut ein Dutzend Kontorhäuser entstanden in den 1920er-Jahren.
An ihrer Stelle hatten sich zuvor die berüchtigten Gängeviertel befunden – enge
Elendsviertel, die man nach der Cholera-Epidemie 1892 nach und nach abriss. Für
die Bewohner wurden unter der Ägide des Oberbaudirektors Fritz Schumacher
(der Hamburgs Aussehen prägte wie keiner vor oder nach ihm) moderne
Quartiere errichtet. Dazu gehörte die „Jarrestadt" in Winterhude, die Wohnungen mit Bad, Küche und fließend warmen Wasser bot – damals geradezu
ein Luxus. Die lichtdurchfluteten Wohnungen mit begrünten Innenhöfen
wurden Vorbild für viele Nachahmerprojekte.
Die Jarrestadt steht unter Denkmalschutz – das Kontorhausviertel gehört seit
2015 (gemeinsam mit der Speicherstadt) sogar zum Weltkulturerbe. Womit
sogar in Hamburg ausgeschlossen sein sollte, dass sie eines Tages abgerissen
werden ...

Blick über das Kontorhausviertel

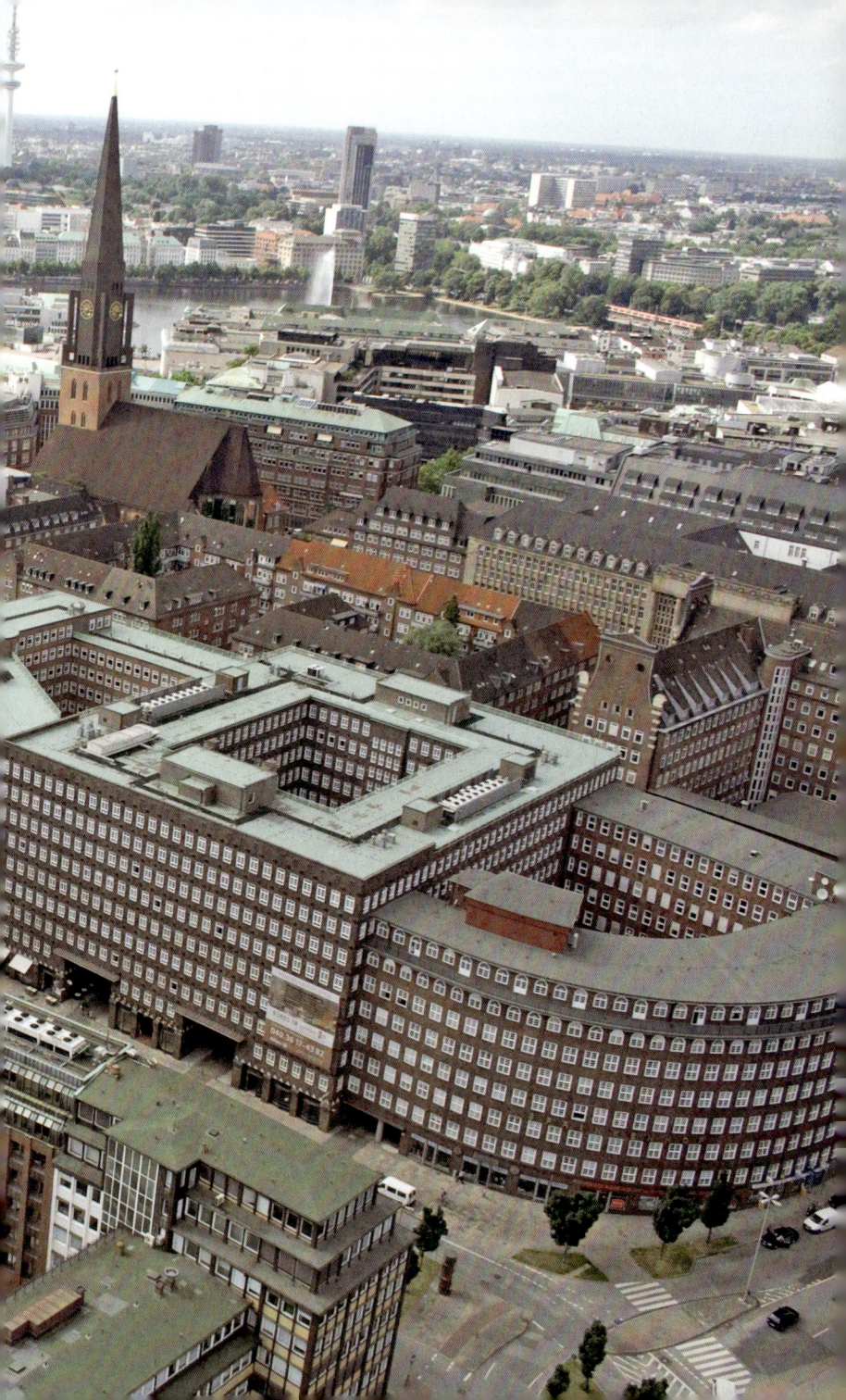

Der Erfinder
auf dem Floß

Es gab sicher segensreichere Erfindungen als die des Dynamits, auch wenn es nicht nur militärisch, sondern auch beim Bau von Tunneln etwa genutzt wurde. Wer es erfunden hat, weiß jeder: Der Schwede Alfred Nobel. Wo er es getan hat, weiß kaum jemand – nämlich auf Hamburger Gebiet.

Genauer gesagt: auf einem Floß mitten auf der Elbe bei Geesthacht, das damals – im Oktober 1866 – zu Hamburg gehörte.

Nobel verließ Schweden, weil es dort bei seinen Experimenten mehrere Todesfälle gegeben hatte (auch sein Bruder starb dabei). Die Behörden untersagten ihm seine Forschungen. Also ging er 1865 ins noch unabhängige Hamburg und gründete dort „Alfred Nobel & Co". Er fand bei Geesthacht ein geeignetes Gelände („Der Krümmel" hieß es) und errichtete dort seine Nitroglycerin-Fabrik. Weil der hochexplosive Stoff nicht sicher zu handhaben war, kam es auch dort zu Unfällen. Bis Nobel auf dem Floß (aus Sicherheitsgründen bastelte er mitten auf dem Fluss) aus Nitroglycerin, Natriumcarbonat und Kieselgur (einem aus fossilen Algen gewonnenen Stoff) das Dynamit herstellte. Es war natürlich auch hochexplosiv, aber risikolos zu transportieren und zu zünden.

Nobel wurde schwerreich und in Krümmel entstand eine Munitionsfabrik. Die Anlagen wurden immer größer, sie waren bis 1945 eine der wichtigsten Produktionsstätten in Deutschland. Heute steht dort – und das ist ja irgendwie passend – ein Atomkraftwerk.

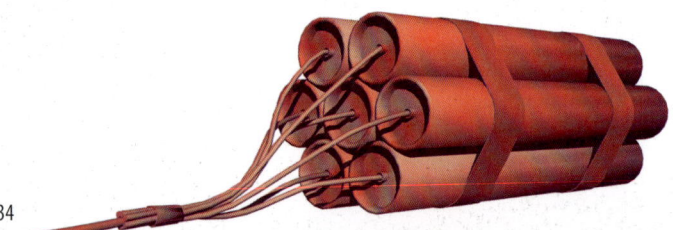

Hamburger Du

„Richard, da muss ich Ihnen widersprechen." Das war so ein typischer Satz von Helmut Schmidt im Gespräch mit seinem Freund Richard von Weizsäcker. Typisch, weil Schmidt natürlich widersprach. Und weil er den Alt-Bundespräsidenten mit Vornamen ansprach, aber dennoch siezte. Das war durchaus keine Marotte des Hamburger Ehrenbürgers, sondern ist immer noch verbreitet und nennt sich „Hamburger Sie". Es ist ein Zeichen der Vertrautheit und des Respekts, man drückt damit eine Verbundenheit aus, wahrt aber dennoch eine gewisse Distanz.

Das Pendant dazu ist natürlich das „Hamburger Du", was bei Schmidt und seiner Sekretärin dann etwa so ging: „Frau Meier, bring mir doch mal 'nen Kaffee." Eine ganz spezielle Form entwickelten der langjährige NDR-Sportchef Gerhard Delling und sein enger Freund Günter Netzer. Beide siezen sich zwar vor und hinter der Kamera, lassen aber das Herr weg, sobald sie in der dritten Person voneinander sprechen („Eigentlich ist alles beredet, aber Delling hört einfach nicht auf zu reden").

Richard von Weizsäcker und Helmut Schmidt im Gespräch, 1981

Wir waren´s – Basta!

Es gibt Fragen, mit denen befassen sich Hamburger ausgesprochen gelassen. In welcher Stadt lebt es sich am besten? Welche ist die schönste? Wo gibt es die besten Clubs, Theater, Kneipen, Konzerthäuser? Alles Fragen, über die zu diskutieren keinen Sinn ergibt. Der eine sieht es so, die andere so. Was soll´s. Es gibt aber auch Fragen, über die zu diskutieren überhaupt keinen Sinn ergibt. Weil sie sehr viel ernster sind. Und die Antwort so eindeutig ist. Womit wir bei der Currywurst wären. Die Wurst, von der nicht nur die Berliner, sondern neuerdings auch die Ruhrgebietler behaupten, sie erfunden zu haben. Welche Anmaßung! Dass die erste Currywurst der Weltgeschichte 1947 in einem Imbiss am Großneumarkt in Hamburg verkauft wurde, bleibt nun mal eine unbestreitbare Tatsache. Nicht nur wegen Uwe Timm, dessen berühmter Roman („Die Entdeckung der Currywurst") darauf basiert, sondern auch, weil ich einen Freund habe, dessen Onkel jemanden kennt, der dort als Junge 1948 eine gegessen hat. Womit die Sache ja wohl endgültig geklärt wäre. Bleibt nur noch die Frage, wo es die beste Currywurst der Stadt gibt. Auch da gibt es natürlich keine eindeutige Antwort, kommt eben darauf an, wen man fragt. Mich? Na gut, ich verrate es: bei Schorsch am Neuen Pferdemarkt (Beim Grünen Jäger 19). Guten Appetit!

Der Papst bei den Barbaren

Als Papst-Residenz ist Hamburg nun wirklich nicht in die Geschichte eingegangen. Dabei hat tatsächlich mal einer seinen Lebensabend hier verbracht. Allerdings höchst unfreiwillig – Papst Benedikt V. war 964 als Verbannter in den hohen Norden gekommen.

Der römische Stadtadel, dem auch er entstammte, hatte ihn im selben Jahr auf den Stuhl Petri gesetzt und damit den Zorn von Kaiser Otto I. auf sich gezogen. Denn zuvor hatten die Römer den auf Ottos Wunsch gewählten Papst Leo VIII. aus der Stadt gejagt. Der Kaiser zog daraufhin nach Rom, setzte Leo wieder ein und verbannte Benedikt in die tiefste Provinz seines Reiches – und das war damals das noch kleine und unbedeutende Hamburg.

Benedikt wurde in seinem Exil zwar respektvoll behandelt, war aber todunglücklich. Der hochgebildete und an Luxus gewöhnte Mann war in dem gerade mal 500 Einwohner zählenden Hamburg kulinarisch und intellektuell auf Zwangsdiät. „Bei Euch Hyperboreern kann kein italisch Herz warm werden", soll er gesagt haben. So nannten die Griechen ein sagenhaftes, kaltes Barbarenland hoch im Norden. Tatsächlich starb Benedikt, dessen Geburtsdatum nicht überliefert ist, nach nicht mal einem Jahr am 4. Juli 965 in Hamburg und wurde im Mariendom, einer schlichten Holzkirche, begraben. Mehr als drei Jahrzehnte ruhte er dort, dann wurden seine Gebeine 999 auf Wunsch von Kaiser Otto III. nach Rom überführt. Die Hamburger aber ehrten den Papst und schufen einen sogenannten Kenotaphen – ein leeres Grabmal, das bis 1805 im neu erbauten, backsteingotischen Mariendom stand. Dann wurde die Kirche abgerissen, wobei auch alle Grabmäler zerstört wurden.

Scherbe vom Kenotaph in Hamburg, Terracotta, vermutlich ca. 13. Jahrhundert. Ausstellungsstück im Museum für Hamburgische Geschichte

Schwimmende Legenden

„Ick heff mol en Hamborger Veermaster sehn" – das ist das vielleicht berühmteste Volkslied der Stadt, das sogar heute (fast) noch jedes Kind kennt. Nur dass die meisten lange keinen mehr gesehen haben.

Carl Ferdinand Laeisz (1853–1900)

Das aber ändert sich, denn die Stadt hat die „Peking" gekauft: ein im Auftrag einer Hamburger Reederei von einer Hamburger Werft gebauter Viermaster. Das Schiff, das lange in New York als Museumsschiff vor sich hinrostete, wird, frisch saniert, das Prunkstück des Deutschen Hafenmuseums sein, das 2023 eröffnet werden soll. Die „Peking" ist einer der (hier ist das Wort einmal wirklich angebracht) legendären „Flying P-Liner" der Laeisz-Reederei, die es bis heute gibt und die ihren Sitz an der Trostbrücke mitten in der Stadt hat. Wer sich das wunderschöne Gebäude anschaut, wird oben eine Tierskulptur entdecken: einen steinernen Pudel. Dahinter verbirgt sich die ebenso schöne wie etwas skurrile Geschichte, die erklärt, warum die Reederei allen Schiffen einen Namen gab (und gibt), der mit dem Buchstaben P beginnt. Das hat mit der Frisur von Sophie Laeisz zu tun, der Ehefrau von Carl Laeisz, dem Sohn des Firmengründers Ferdinand: Auf ihrem Kopf fand sich eine nicht zu bändigende Lockenpracht. Weshalb ihr Mann sie – durchaus liebevoll – „Pudel" nannte. Und beschloss, den 1857 in Auftrag gegebenen ersten Neubau der Reederei ebenfalls „Pudel" zu nennen. Das „P" ist seitdem Firmengesetz.

Viermaster „Peking" auf der Elbe

Die Geschichte der
Reederei ist aber aus
anderen Gründen
besonders. Denn die
Firma setzte auch noch auf Segelschiffe,
als fast alle anderen längst auf Kohle und später Diesel umgestellt hatten.
Das begeisterte nicht nur die maritimen Romantiker – es rechnete sich!
Vor allem die Viermaster waren sehr rentabel: Extrem solide gebaut und dennoch schnell, wurden sie vor allem auf den Südamerika-Linien im Salpeter-
Handel eingesetzt. Dabei mussten die Schiffe stets das wegen der vorherrschenden Stürme berüchtigte Kap Hoorn passieren. Voller Stolz nennen sich alle
Seeleute „Kap Hoorniers", wenn sie die Route auf einem Segelschiff bewältigt
haben.
Weil die Schiffe kaum langsamer waren als motorbetriebene Schiffe, aber
weniger Kosten verursachten, funktionierte das Geschäftsmodell bis in die
1930er-Jahre hinein. 1926 noch wurde ein Neubau (der letzte) in Auftrag gegeben: die „Padua". Sie kam später als Kriegsentschädigung an die
Sowjetunion und fährt noch heute als „Kruzenshtern" („Krusenstern") unter
russischer Flagge.

Die „Pamir" auf hoher
See, Gemälde von
Johannes Holst, 1955

Erhalten ist auch das Schwesterschiff der „Peking", die „Passat": Sie
liegt als Museumsschiff in Travemünde, genauer gesagt im Hafen
der Halbinsel Priwall – nach der ebenfalls ein P-Liner benannt wurde.
Die „Priwall" stellte 1938 einen Rekord auf, als sie das Kap Hoorn in
Ost-West-Richtung in fünf Tagen und 14 Stunden umsegelte. Das
Schiff wurde später konfisziert und segelte unter chilenischer Flagge –
1945 ging es nach einem Ladungsbrand unter.

Insgesamt ließ Laeisz 14 Vier-
und Fünfmastbarken bauen
(letztere erwiesen sich als
wirtschaftlich unrentabel).
Neben „Peking", „Passat" und
„Kruzenshtern" existiert heute
nur noch die „Pommern",
die ebenfalls als Museumsschiff vor Anker liegt: im finnischen
Mariehamn.

Die ehemalige „Padua" fährt heute als
„Kruzenshtern" unter russischer Flagge.

Der kopflose Pirat

Da stand er nun, in Ketten, aber dem Tode trotzig ins Auge blickend. Ungefähr dort, wo heute die Elbphilharmonie ist, bot der Pirat Klaus Störtebeker dem Henker einen Handel an: Jeder seiner Kameraden, an dem er auch ohne Kopf noch vorbeilaufen könne, solle begnadigt werden.

Der Henker schlug erst ein und dann zu; Störtebeker aber stand kopflos auf und taumelte an elf Verurteilten vorbei, bis der Scharfrichter ihm ein Bein stellte – und alle Freibeuter hinrichtete. Ihre Köpfe waren noch jahrelang aufgespießt zu sehen – als Mahnung an alle, wohin Piraterie führe.
All das spielte sich am 20. Oktober 1401 ab. Kurz zuvor war die Flotte der Freibeuter vor Helgoland von hansischen Schiffen besiegt worden – es war das Ende der „Likedeeler", der Gleichteiler. Dieser verschworenen Gemeinschaft, die den reichen „Pfeffersäcken" Geld und Gut abnahmen, um die Armen zu unterstützen und den Rest gerecht unter sich zu teilen.
Ach ja, diese Geschichte ist einfach schön. Und sie gehört zum festen Bestandteil des Hamburger Legendenschatzes. Romantiker sollten jetzt aufhören zu lesen. Denn die Wahrheit kann vom Unterhaltungswert her natürlich nicht mithalten.
Wahr ist, dass 1401 tatsächlich Piraten auf dem Grasbrook hingerichtet wurden. Unter ihnen war auch Godeke Michels, einer ihrer Anführer. Das weiß man, weil die Rechnung des Henkers erhalten ist und sein Name erwähnt wird. Klaus Störtebeker taucht dort nicht auf. Neueste Forschungen ergaben, dass er nicht einmal Pirat war, sondern ein Kaufmann aus Danzig. Und auch nicht Klaus hieß, sondern Johann.
Wie ist es dann aber zur Mythenbildung gekommen? Vermutlich, weil Störtebeker auch ein Schuldeneintreiber war. Dazu muss man wissen, dass die Hansestädte damals kollektiv hafteten. Wenn ein Wismarer Händler einem aus Danzig Geld schuldete, durfte jedes andere Wismarer Schiff aufge-

Clauß Störtz den Becher

Ich Sturß den Becher und die Kandel. Auch finde ich meiner Brüder viel und hab dannit ein guten Handel. Die eben das leben wie ich will.

bracht werden. Dann wurden Geld oder Waren konfisziert (meist ordentlich quittiert), anschließend durfte das Schiff weiterfahren. Meist lief so etwas unblutig ab – warum auch das Leben riskieren? Der betroffene Kaufmann konnte zu Hause ja das Geld vom eigentlichen Schuldner zurückfordern. Störtebeker war in diesem Geschäft sehr erfolgreich (er bekam natürlich Provision) und war wohl auch besonders rücksichtslos. Deshalb fand er in Lübecker Akten entsprechende Erwähnung. Und das ist wohl der Kern der Legende, die sich in den Jahrhunderten verselbstständigte, bis im 18./19. Jahrhundert auch noch ein Robin Hood aus ihm gemacht wurde.

Deshalb gibt es heute Störtebeker-Festspiele, Störtebeker-Bier, Störtebeker-Denkmäler und auch den „Original-Störtebeker-Schädel" – er ist im Museum für Hamburgische Geschichte ausgestellt, mit einem riesigen Nagel, der durch den Schädel getrieben wurde. Gefunden hat man ihn 1878 bei Bauarbeiten auf dem Grasbrook. Es ist der Schädel eines Hingerichteten, aber eben nicht Störtebekers. Der starb 1413 – sein Kopf lag dabei nicht auf einem Richtblock, sondern einem Kissen.

Störtebeker-Denkmal in der Speicherstadt

Auf! Auf!

Ja, man darf ungestraft in Hamburg ein Radler bestellen, die vielen Kanäle bewundern und einen Spaziergang in St. Pauli planen. Besser aber ist ein Alsterwasser, das man am Fleet trinkt, während der Bummel auf St. Pauli geplant wird.

„Auf St. Pauli" heißt es seit Jahrhunderten, das liegt an der (für Hamburger Verhältnisse) sehr hügeligen Topografie – es gibt dort ja auch eine Straße namens „Hamburger Berg" – die allerdings im 17. Jahrhundert zum Teil abgetragen wurde, als man eine neue Stadtbefestigung baute.

St. Pauli ist aber nicht der einzige Stadtteil, der zwingend mit einem „auf" statt „in" verbunden wird. So heißt es „auf Finkenwerder". Das hat aber nichts mit Bergen zu tun, vielmehr verrät der Zusatz „Werder" wie auch die Varianten -warder und wöhrde, dass es sich um eine Flussinsel handelt. Oder in diesem Fall: handelte.

Das dritte bekannte Beispiel ist Uhlenhorst, niederdeutsch für Eulennest. Der Stadtteil an der Außenalster gehört zu den begehrtesten (und teuersten) Quartieren Hamburgs und war auch mal eine Insel, wenn auch nur von kleineren Bächen umgeben. Man wohnt also auf der (und geht auf die) Uhlenhorst.

Villen am Feenteich auf der Uhlenhorst

Grüne Großstadt

Hamburg ist außerordentlich grün. Ja, politisch auch. Aber jetzt geht's um die Natur. Und da hat Hamburg mehr zu bieten als man einer Millionen-Metropole gemeinhin zutraut.

Rund 7000 Hektar oder neun Prozent der Gesamtfläche sind Naturschutzgebiete, von denen es 36 gibt. Und da ist das Hamburgische Wattenmeer (fast 14.000 Hektar) noch gar nicht eingerechnet.

Aber auch mitten in der Stadt herrscht oft Grün vor – immerhin rund 250.000 Straßenbäume gibt es (das wird mit einem eigenen Kataster erfasst), außerdem Hunderte kleine und große Parks. Die größten sind der Altonaer Volkspark mit 205 Hektar (wo auch das gleichnamige Stadion steht) und der Stadtpark (148 Hektar). Mitten in der City liegt „Planten un Blomen" (niederdeutsch für Pflanzen und Blumen), die Grüne Lunge auf 47 Hektar. Hier stand der erste Botanische Garten der Stadt, später gab es mehrere internationale

Friedhof Ohlsdorf

Im Alten Land

Gartenausstellungen. Und dann gibt es da noch eine Grünanlage, die etwa so groß ist wie die drei erwähnten zusammen: den Friedhof Ohlsdorf. Es ist mit 389 Hektar der größte Parkfriedhof der Welt, rund 202.000 Grabstätten gibt es hier.

Knapp ein Fünftel der Hamburger Fläche wird übrigens landwirtschaftlich genutzt. Vor allem in den Vier- und Marschlanden im Südosten gibt es sehr viele Betriebe, die seit vielen Jahrhunderten die Stadt versorgen. Und auch ein Teil des „Alten Lands" – das größte geschlossene Obstanbaugebiet Europas – gehört zu Hamburg (der größere Teil zu Niedersachsen). Hier herrschen Apfel- und Kirschbäume vor.

„Planten un Blomen" – die Grüne Lunge der Stadt ist beliebtes Naherholungsgebiet für die Hamburger.

Sport mit Tradition

Der Alster Canoe Club ist es, der Segelverein Rhe auch. Genau wie der Hamburger Polo Club und der Hamburger und Germania Ruder Club. Sie alle sind die ältesten ihrer Art in Deutschland. Und dann gibt es da natürlich noch den HT 16 – den Hamburger Turnerbund von 1816. Er ist sogar der älteste Sportverein der Welt. Keine Frage: Hamburg ist eine Sportstadt mit großer Tradition.

Zumal auch viele Hockey- und Tennisclubs der Stadt zu den ältesten in Deutschland gehören. Mit Altona 93 und dem SC Victoria Hamburg kommen auch zwei (der 86) Gründungsmitglieder des Deutschen Fußball-Bunds aus der Stadt.

Der deutsche Polo-Meister 1929: Der Hamburger Polo Club

Dass all diese Sportarten ihren europäischen Ursprung in Großbritannien haben, ist kein Zufall. Hamburg hat seit vielen Jahrhunderten enge wirtschaftliche Verbindungen auf die Insel; die Hanse unterhielt dort den berühmten „Stalhof" in London – fast eine eigene kleine Händlerstadt. So ist Hamburg eine sehr anglophile Metropole geworden: Ob Kleidungsstil, Möbel, Architektur – oder eben Sport – das britische Vorbild fand in Hamburg schnell viele Nachahmer. Selbstverständlich auch im Pferdesport; das Deutsche Galopp-Derby findet jeden Sommer in Hamburg-Horn statt und auch die Spring- und Dressurreiter haben mit dem Deutschen Derby in Klein Flottbek seit 1920 einen besonderen Wettkampf.

Von Polo mal abgesehen, spielen all die anderen Sportarten noch immer eine herausragende Rolle. Zweifellos am erfolgreichsten sind die Hockeyspieler. Die fünf Clubs Uhlenhorster HC, Großflottbeker THGC, Der Club an der Alster, Harvestehuder THC und Hamburger Polo Club stellen bei Frauen und Männern gleich neun Erstliga-Teams (von insgesamt nur 24).

Es gibt aber auch junge Sportarten, die in Hamburg sehr populär und erfolgreich sind, zum Beispiel Beachvolleyball. Im Stadtteil Dulsberg gibt es einen Olympia-Stützpunkt mit modernsten Trainingsanlagen, der schon mehrere Medaillengewinner hervorgebracht hat.

Bei den populärsten Mannschaftssportarten aber hapert es in den letzten Jahren ein wenig. Weder im Fußball noch im Handball oder Eishockey sind Hamburgs Proficlubs in der Gegenwart übermäßig erfolgreich.

Zum Abschluss des sportlichen Ausflugs sei noch ein Abstecher zum Schach gestattet (auch wenn viele das gar nicht für Sport halten). Nicht nur, weil auch hier Hamburg eine große Tradition hat – denn der Hamburger Schachklub von 1830 ist der zweitälteste in Deutschland. Sondern weil die Stadt einen Weltrekord hält, und zwar mit dem seit 1957 alljährlich ausgetragenen Schulschachturnier „Rechtes gegen linkes Alsterufer", bei dem Kinder aus den entsprechend gelegenen Schulen gegeneinander antreten. Mit 4240 Spielern wurde 2017 ein Teilnehmer-Weltrekord aufgestellt.

Erfolgreich in der 1. Bundesliga: die Feldhockey-Herrenmannschaft des Uhlenhorster HC

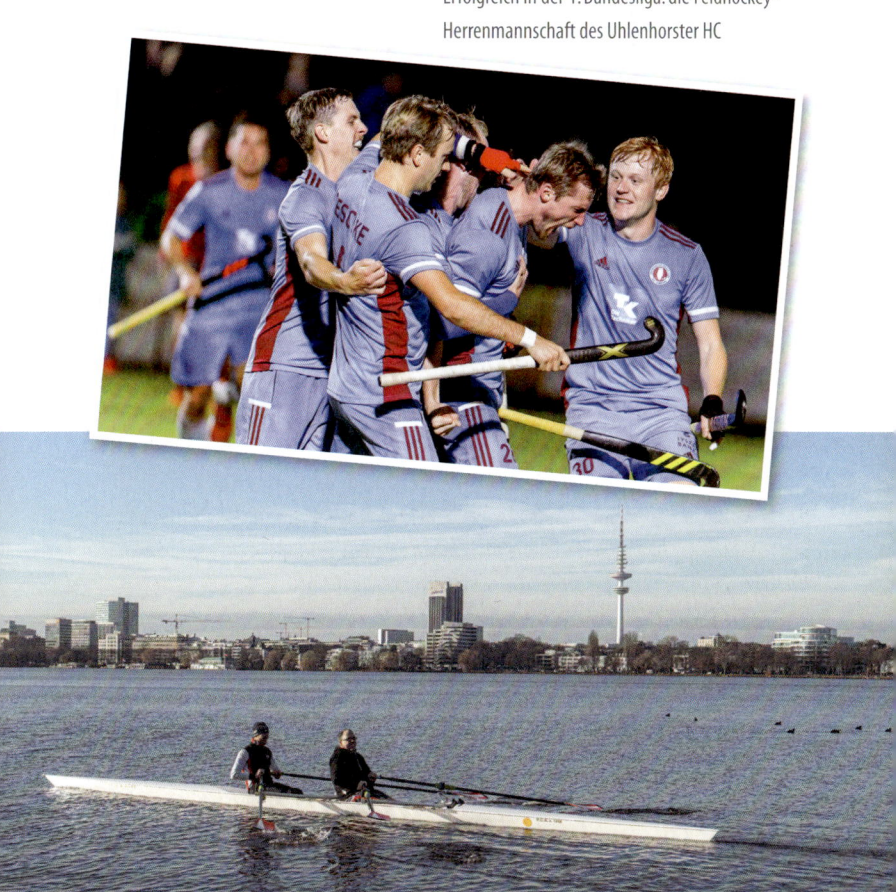

Vier Goldstücke fürs Vaterland

Den Text der deutschen Nationalhymne kennt wohl jeder. Auch dass der Autor Hoffmann von Fallersleben war und den Text auf Helgoland schrieb, ist allgemein bekannt. Dass die Hymne aber zum allerersten Mal in Hamburg öffentlich gesungen wurde, wissen nur die wenigsten.

Es war am Dienstag, 5. Oktober 1841, direkt auf dem Jungfernstieg vor Streit´s Hotel, als die Kapelle der Hamburger Bürgerwacht aufmarschierte und die Chöre der Liedertafel und des Hamburger Turnerbunds die drei Strophen sangen. Da war der Text gerade einmal sechs Wochen alt.
Von Fallersleben war bereits ein populärer Freiheitsdichter, der mit seinen „Unpolitischen Liedern" (die natürlich sehr politisch waren) großen Erfolg hatte. Sein Verleger war der Hamburger Julius Campe – der Hoffmann und Campe Verlag gehört noch heute zu den wichtigsten in Deutschland.

Jungfernstieg um 1830

Hoffmann von Fallersleben (1798–1874, links)
und Julius Campe (1792–1867)

Campe war im August auf die damals britische Insel Helgoland gereist, um von Fallersleben den druckfrischen zweiten Teil seiner „Unpolitischen Lieder" zu überreichen. Der Dichter zeigte ihm dann sein „Lied der Deutschen" und verlangte vier Goldmünzen als Honorar. Campe zahlte sofort, und nur eine Woche später war das kleine Werk schon gedruckt – versehen mit den Noten der alten Kaiserhymne von Josef Haydn.

Das Lied verbreitete sich schnell. Und als am 5. Oktober der populäre liberale Politiker Karl Theodor Welcker im Streit's Hotel abstieg, wurde ihm zu Ehren das Lied gesungen. Von Fallersleben war ebenso Augen- und Ohrenzeuge wie Campe, den man den „Odysseus des deutschen Buchhandels" nannte, weil er einfallsreich immer wieder die Zensurbehörden überlistete.

Bis das neue Lied zur Nationalhymne wurde, dauerte es dann noch mehr als ein Dreivierteljahrhundert. Zwar war es weit verbreitet, extrem populär wurde es aber erst durch die Propaganda im Ersten Weltkrieg, als deutsche Soldaten es bei einem erfolgreichen Angriff an der Westfront gesungen haben sollen – und die Heeresleitung das über alle Zeitungen verbreiten ließ. 1922 erklärte es Reichspräsident Friedrich Ebert dann zur offiziellen Nationalhymne.

Quiddje bleibt man ewig

Dieser alte Begriff ist durchaus noch verbreitet, wenn auch nicht mehr in dem Maße früherer Jahre – gemeint ist einfach ein Zugezogener. Wobei das Wort nie beleidigend, eher leicht spöttelnd gemeint ist.

Der Wortursprung ist nicht wirklich belegt, eine Erklärung ist die Quittung, die Einreisende früher bekamen, nachdem sie am Stadttor eine Gebühr bezahlt hatten.

Ein Quiddje zu sein, war nie wirklich ein Problem – schließlich ist Hamburg immer eine Stadt gewesen, die von Zuwanderung aus dem In- und Ausland besonders profitierte.

Beim Begriff Quiddje ist man schnell bei den „gebürtigen" und „geborenen" Hamburgern – und den „Geborenen". Gebürtig, klar, ist jeder, der in Hamburg geboren wurde. Ein Geborener ist nur, wessen Familie seit mehreren Generationen in Hamburg lebt. Und dann gibt es da noch die geborenen Hamburger: Das sind Hamburger aus Überzeugung – selbst wenn sie aus Bremen kommen ...

Was machen Sie am Sonnabendabend?

Ja, das lässt nach. Auch in Hamburg sagen die meisten längst „Samstag" statt des traditionellen „Sonnabend".

Während sich Samstag vom jüdischen Sabbat herleitet, wird mit Sonnabend der Vorabend des Sonntags betont. Ursprünglich in allen lutherisch geprägten Regionen verwendet, befindet sich das Wort flächendeckend auf dem Rückzug. Das „Hamburger Abendblatt" aber hält die Tradition noch hoch – jedem Redakteur wird der Samstag als Fehler angestrichen. Weshalb es dort immer noch Sätze wie diesen zu lesen gibt: „Der Unfall ereignete sich am späten Sonnabendabend."

Das muss dann mal wech

Wenn es ums Geschäft ging, waren die Hamburger Stadtherren noch nie zimperlich. Einzelschicksale spielten da keine Rolle – selbst wenn es viele tausend waren. Schon gar nicht, wenn es um den Hafen ging. Da sind dann schon mal ganze Stadtteile verschwunden, weil sie im Weg waren.

Die Speicherstadt zum Beispiel – heute Weltkulturerbe und Stolz der Hamburger – war bei ihrem Bau vielen verhasst. Denn bevor sie ab den 1880er-Jahren entstand, war dort ein Stadtteil für 20.000 Menschen, größtenteils von Arbeitern bewohnt. Die wurden nicht nur rücksichtslos aus ihren Häusern gejagt, es kümmerte sich auch niemand um Ersatzwohnraum – die Folge war eine bittere Wohnungsnot. Aber da es sich ja „nur" um Arbeiter handelte, war es dem Senat gleichgültig.

Speicherstadt

Geblieben ist von Altenwerder nur die historische Kirche.

Solch rigoroses Vorgehen setzte sich auch in demokratischen Zeiten fort, wenn auch etwas weniger rabiat, weil es ja rechtsstaatlich sein musste. So existiert seit den frühen 1980er-Jahren der Stadtteil Neuhof mitten im Hafen nicht mehr. Dort hatten mehrere Tausend Arbeiter gelebt, die größtenteils auf Werften beschäftigt waren. Wegen des Baus der Köhlbrandbrücke und der Ansiedlung von Industriebetrieben verschwand der Stadtteil – heute gibt es nur noch die alte Schule, die seit Jahrzehnten vor sich hinrottet. Verschwunden ist auch (weitgehend) Altenwerder. Das Dorf mit seinen knapp 3000 Einwohnern wurde in den 1950er-Jahren zum Hafenerweiterungsgebiet erklärt. Erst kaufte die Stadt Grundstücke auf, dann enteignete sie, um das Container-Terminal Altenwerder zu bauen – es war das erste, bei dem die Container computergesteuert und ohne Fahrer hin- und herbewegt wurden. Heute ergibt sich das skurrile Bild, dass die alte Kirche noch steht, mit schönem alten Baumbestand, gleich neben dem Terminal – nur Wohnhäuser gibt es nicht mehr. Den Stadtteil Altenwerder gibt es aber offiziell noch. Einwohnerstand laut Statistikamt Nord: 3.

Verpönte Orden

„Über Dir kein Herr, unter Dir kein Knecht!" So lautete das alte, immer wieder gern zitierte Motto der Hanseaten. Wobei man den ersten Teil deutlich ernster genommen hat als den zweiten. Aus dieser Haltung entwickelte sich jedenfalls das hanseatische Ordensverbot.

Denn ein Orden – meist ja verliehen von Fürsten – würde den Träger über die anderen erheben.
Diese uralte Regel hat sich bis heute erhalten, auch wenn es längst kein formelles Verbot mehr gibt. Verpönt ist es dennoch. Viele prominente Hamburger lehnten deshalb auch die Annahme des Bundesverdienstkreuzes ab, unter ihnen Heidi Kabel, Helmut Schmidt, Jan Philipp Reemtsma und Siegfried Lenz. Noch konsequenter als Hamburg ist in diesem Punkt aber die Hansestadt Bremen – als einziges Bundesland lehnte es auch die Einführung des Bundesverdienstkreuzes im Bundesrat ab.
Helmut Schmidt machte einmal allerdings eine Ausnahme und nahm einen Orden an – den „wider den tierischen Ernst" vom Aachener Karnevalsverein. Hat man ihm in Hamburg nicht allzu übel genommen.

Hat jemand Schönere?

Natürlich sind auch in Hamburg viele Straßen nach Blumen, Dichtern, Musikern und Politikern benannt. Dennoch darf behauptet werden, dass viele Straßennamen wirklich etwas Besonderes sind – und absolut einzigartig.

Zur Erklärung fängt man am besten bei der ABC-Straße an, ja, die gibt es wirklich, in der Neustadt. Im 17. Jahrhundert hatten die Bewohner begonnen, Schilder mit Buchstaben an ihren Häusern anzubringen, damit man sie besser finden konnte. Deshalb wurde die dafür bekannte Straße 1788 – als die Straßennamen offiziell eingeführt wurden – ABC-Straße genannt.
Anstoß für die Einführung waren zunehmende soziale Probleme in der wachsenden Stadt. 1788 wurde die „Allgemeine Armenanstalt" gegründet – um Kranken zu helfen und Gesunde zur Arbeit anzuhalten. Um einen Überblick über das Ausmaß zu erhalten, wurde die Stadt in 60 Armenpflegequartiere aufgeteilt. Und an den Straßen brachte man Schilder mit den Namen an. Meist waren das die, die sich im Volksmund längst etabliert hatten. So war

die Steinstraße eben die, welche als erste im 13. Jahrhundert gepflastert worden war. Und die Reichenstraße war eben das Gegenteil eines sozialen Brennpunkts.

Jedenfalls wurden auch die skurrilen Namen amtlich, zum Beispiel das Schulterblatt. Dort gab es eine Gaststätte mit diesem Namen, dessen Wirt ein riesiges Wal-Schulterblatt an der Fassade angebracht hatte. Auch die Rutschbahn geht auf einen Wirt zurück, der für die Kinder seiner Gäste eine eingerichtet hatte.

„Zum letzten Heller" hieß ebenfalls eine Kneipe – und die Straße bis heute. Vom Hühnerposten (heute nahe dem Hauptbahnhof) erzählt man sich, dass die Stadtwächter den früher abgelegenen Ort so nannten.

Über Hamburg hinaus bekannt sind natürlich der Jungfernstieg und die Reeperbahn. Letztere wurde früher von den „Reepschlägern" genutzt, um Seile und Taue herzustellen. Der Jungfernstieg hieß eigentlich Reesendamm – der entstand um 1190 beim Aufstauen der Alster, damit eine Mühle betrieben werden konnte. Und der Müller hieß Reese. Jahrhunderte später wurde der Damm planiert und ausgebaut – er diente als Flaniermeile, auf der die Familien beim Sonntagsspaziergang gern ihre Töchter im heiratsfähigen Alter präsentierten.

Auf alte Berufe gehen dagegen die Knochenhauertwiete (Schlachter), Große Bleichen (Tuchfärber) und Caffamacherreihe zurück. Caffa, nicht Coffee – es handelt sich um einen samtähnlichen Stoff, den aus Holland eingewanderte Spezialisten hier herstellten.

In Harburg befindet sich die „Goldene Wiege", die auch dort allerdings nie hergestellt wurde. Die einen sagen, dass hier einmal ein Versteck von Räubern ausgehoben wurde – und Teil der Beute soll eine goldene Wiege gewesen sein. Andere sprechen von einem Edelmann, der seine nichtadlige Geliebte schwanger sitzen, aber immerhin die Wiege zurückließ.

Zum Schluss sei noch eine besonders schöne Straße erwähnt: die Palmaille zwischen St. Pauli und Altona. 1638 ließ Graf Otto V. von Schauenburg dort die lindengesäumte Straße anlegen – als Spielfläche. In Frankreich hatte er „Paille-Maille" kennengelernt, bei dem mit einem Holzschläger Kugeln zwischen kleine Tore befördert werden müssen. In England wurde das Spiel als Pall Mall und vor allem Crocket bekannt. In Altona allerdings nutzte die schöne Straße kaum einer für das Spiel; die schöne Allee gibt es aber dennoch bis heute.

Alleebäume an der Palmaille

Ausland mitten im Hafen

Das Areal ist 28.540 Quadratmeter groß und befindet sich auf dem Kleinen Grasbrook, also mitten im Hamburger Hafen – und dennoch auf tschechischem Staatsgebiet. Und das ist seit fast 100 Jahren so.

Denn die knapp drei Hektar (der Moldau- und der Saalehafen) sind Gegenstand eines weitgehend unbekannten Paragrafen des Versailler Friedensvertrags von 1919. Als Teil der Wiedergutmachung nach dem Ersten Weltkrieg musste Deutschland diesen Teil des Hafens an die damals neu gegründete Tschechoslowakei abtreten. Weil beide Seiten noch ziemlich lange über Details stritten, wurde der Vertrag dann 1928 abgeschlossen: auf 100 Jahre. Dieser kleine Passus des in Deutschland damals allgemein so verhassten Friedensabkommens erwies sich allerdings als durchaus vorteilhaft: für Hamburg und für die Tschechen. Denn über Elbe und Moldau entwickelte sich ein sehr reger Handelsverkehr Richtung Prag, der auch Arbeitsplätze in der Hansestadt schuf.

Das blieb auch nach dem Zweiten Weltkrieg so. Erst nach 1989 ging es bergab – die staatliche tschechische Binnenreederei wurde privatisiert und musste bald Insolvenz anmelden. Die meisten Waren gingen nun per Lkw oder Bahn gen Tschechien, das Gelände lag brach. Das soll sich bald ändern, denn Hamburg plant ein großes Wohngebiet auf dem Areal. Und die Tschechen bekommen etwas weiter ein Ersatzgrundstück im Hafen – mit dem sie den Handel wiederbeleben wollen.

War so, ist so, bleibt so

Das Gesetz ist zwar ungeschrieben, aber noch niemand hat es gewagt, es zu brechen. Und so würde ein Zeitreisender aus dem 17. oder 19. Jahrhundert, der sich heute ans Ostufer der Außenalster oder ans Südufer der Elbe stellt und auf die Innenstadt schaut, sie sofort wiedererkennen.

Zwar hat sich baulich so ziemlich alles verändert, aber die Skyline Hamburgs ist fast unverändert: Es sind die Türme der fünf Hauptkirchen (und seit 1897 der des Rathauses), die das Stadtbild immer noch prägen.

Die älteste ist St. Petri in der Altstadt, es folgten St. Nikolai in der Neustadt, St. Jacobi im Osten, St. Katharinen im Süden in Elbnähe und die heute berühmteste, St. Michaelis (Michel), kurz vor St. Pauli. Die Hauptkirche St. Nikolai steht heute im Stadtteil Eppendorf, in der Neustadt fungiert die im Krieg zerstörte Kirche als Mahnmal. Nur der imposante Turm ist noch intakt – mit 147,3 Meter Höhe war er bei seiner Fertigstellung 1874 das höchste Gebäude der Welt. Wenn auch nur für drei Jahre.

Hamburg 1682. Große Kirchtürme von links nach rechts: St. Michaelis, St. Nikolai, St. Katharinen, St. Petri, Alter Mariendom, St. Jacobi. Gemälde von Peter Schenk dem Älteren.

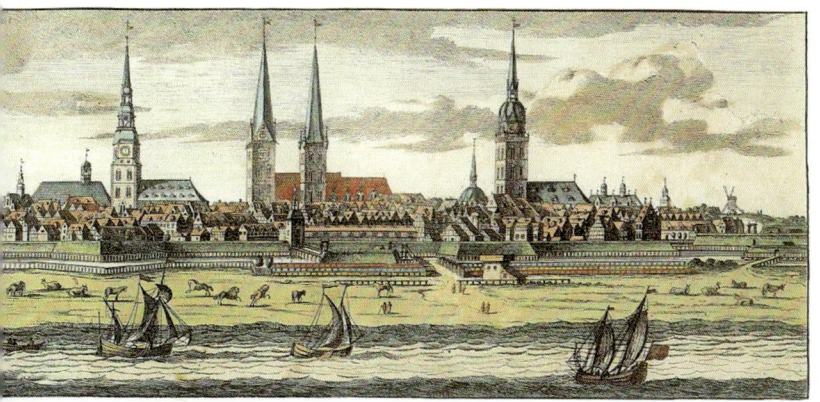

Hamburger Dom

Wer schon mal auf dem Hamburger Dom war, weiß natürlich, dass es sich hierbei nicht um eine Kirche handelt: In Norddeutschland heißt es traditionell Rummel, im Süden ist es die Kirmes – und Jahrmarkt kann man überall sagen. In Hamburg aber hat der Spaß, der dreimal jährlich auf dem Heiligengeistfeld auf St. Pauli stattfindet, einen ganz speziellen Namen: Dom. Warum das bitte?

Die Erklärung reicht bis weit ins Mittelalter hinein. Damals waren Jahrmärkte für das Wirtschaftsleben extrem wichtig, denn es kamen Händler aus Nah und Fern, um zu kaufen und zu verkaufen. Es waren auch Festtage, weil in diesen Tagen so viel los war wie sonst nie in der Stadt. Und das lockte auch schon immer Schauspieler, Gaukler, Musiker und anderes „fahrendes Volk" an, das mit Vergnügungen (oder Wundermitteln) aller Art ein paar Münzen verdiente.

Hamburger Dom – bei Nacht und von oben

Damals hatte Hamburg natürlich einen Dom, der per Definition ja eine Bischofskirche ist – auch wenn der Bischof meist in Bremen residierte. Wenn nun das Wetter schlecht war, bekamen die kleinen Händler und Spielleute Asyl in der Kirche, um dort ihre Geschäfte zu machen. Als 1337 der Bischof das Treiben in dem Gotteshaus verbot, gab es fast einen Volksaufstand. Er gab schnell klein bei, gestattete die Nutzung des Doms aber „nur bei Schietwetter". 1804 hatte der Spaß im Dom dann doch sein Ende – denn der Bau wurde ab-gerissen. Die (auch noch katholische) Kirche hatte keine Gemeinde und störte nur. Niemand weinte dem Bau eine Träne nach. Die Schausteller bekamen andere Plätze zugewiesen, 1893 dann endgültig das Heiligengeistfeld. Der Name des Vergnügens hatte sich da längst verselbstständigt. Und deswegen gehen die Hamburger heute noch „auf den Dom".

Bürgerstolz

Planung und Bau haben ein halbes Jahrhundert gedauert; es gab Dutzende Entwürfe von entsprechend vielen Architekten und schier endlosen Streit, bis sich die Stadtherren endlich entschieden, einem Architekten-Konsortium um den berühmten Baumeister Martin Haller das Vertrauen zu schenken. Nein, der Bau des Rathauses war keine leichte Geburt.

Und das Ergebnis? „Stein gewordener Bürgerstolz", „protzig", „wunderschön", „überladen" – ist eben Geschmackssache. Das mit dem Bürgerstolz stimmt allerdings definitiv: Der ganze Bau und vor allem die Fassade stecken voller entsprechender Symbolik und kleiner Nadelstiche gegen den Adel, der im alten Hamburg per se ein Feindbild war.

Das beginnt mit dem Kaiser. 1897 wurde auf dem Rathausmarkt (man hielt es wohl für unumgänglich) eine große Reiterstatue Wilhelms I. aufgestellt, die sich heute am Rande des Parks „Planten un Blomen" befindet. Dabei blickte der Kaiser auf das Rathaus – er musste also aufschauen auf das bürgerliche Gebäude. Ganz anders im damals preußischen Altona. Dort ist bis heute Wilhelm hoch zu Ross mit dem Rücken zum Rathaus – die Besucher müssen also zu ihm aufschauen.

Kaiser gibt es durchaus reichlich am Rathaus. Die ganze Fassade entlang sind die Figuren von 20 Kaisern des ersten Deutschen Reichs angebracht: vom ersten, Karl dem Großen, bis zum letzten, Franz II., der den Titel 1806 niederlegte. Aber über ihnen stehen die „bürgerlichen Tugenden": Weisheit, Eintracht, Tapferkeit und Frömmigkeit. Und weit über ihnen thronen 28 Figuren, die bürgerliche Berufe darstellen: vom Fischer und Kaufmann bis zum Zimmermann und Makler.

Der berühmte Satz „Ein Hamburger kniet vor niemanden, auch nicht vor der Kirche" wurde und wird ernst genommen. So gab es einen Skandal, als die riesigen Ölgemälde fertig wurden, die der Maler Hugo Vogel für den Großen Festsaal erstellt hatte. Eines zeigt die (fiktive) Szene, wie Kaiser Karl der Große und Bischof Ansgar nach Hamburg kamen – und einer der Einwohner kniete vor dem Bischof. Vogel wurde gezwungen, den Knieenden wegzuretuschieren.

Welche Bedeutung diese Traditionen haben, wird auch heute noch bei jedem offiziellen Besuch deutlich. Ganz gleich, ob Konsul, Minister, König oder Staatspräsident – der Bürgermeister erwartet die Gäste stets auf dem oberen Absatz der Treppe, die zum Senatsflügel des Rathauses führt. Jeder muss zu ihm hinauf, ohne dass er entgegenkommt. Der Ursprung liegt im Mittelalter. Man wollte unbedingt vermeiden, dass der Bürgermeister einem zu Pferde kommenden Gast die Steigbügel halten muss, was traditionell als Unterordnung galt. Es gab in all den Jahrhunderten nur eine einzige kleine Ausnahme:

Als 1965 Queen Elizabeth II. Hamburg besuchte, kam ihr Bürgermeister Paul Nevermann ein paar Stufen entgegen. Diese höfliche Geste habe der Dame gegolten, nicht der Königin, versicherte er später.

Der Bau enthält auch Hinweise auf zwei große Katastrophen der Stadtgeschichte. An der Fassade ist ein riesiger Phönix zu sehen – Symbol dafür, dass Hamburg wie der Sagenvogel aus der Asche wieder emporstieg. 1842 war beim „Großen Brand" ein Drittel der Stadt durch das Feuer zerstört worden, auch das alte Rathaus. Es gibt auch einen Phönix-Saal.

Und im Innenhof befindet sich der Hygieia-Brunnen, benannt nach der griechischen Göttin der Gesundheit. 1892 hatte eine Cholera-Epidemie 8600 Todesopfer in Hamburg gefordert – vor allem deswegen, weil es die Stadtväter versäumt hatten, für gutes Trinkwasser zu sorgen und die Epidemie so lange leugneten, bis es zu spät war. Der Brunnen ist also auch Ausdruck schlechten Gewissens.

Detailaufnahme der Fassade mit Stadtwappen, den figürlich dargestellten „bürgerlichen Tugenden" und der lateinischen Inschrift „Die Freiheit, die errungen die Alten, möge die Nachwelt würdig erhalten"

Queen Elizabeth II. und Hamburgs Erster Bürgermeister Paul Nevermann in einer Limousine vor dem Rathaus am 28.5.1965

Brauhaus der Hanse

Elf Brauereien gibt es noch in Hamburg. Oder besser gesagt: Es sind immerhin wieder elf, denn die meisten sind in der jüngeren Vergangenheit gegründet worden.

Wirklich groß ist nur die Holsten-Brauerei, die auch Astra herstellt – aber längst zum dänischen Carlsberg-Konzern gehört. Dabei war Hamburg mal der – mit Abstand – wichtigste Bier-Standort in ganz Deutschland. Im 14./15. Jahrhundert gab es mehr als 500 Brauereien in der Stadt. Die meisten brauten für den Export, das Hamburger Bier hatte einen hervorragenden Ruf und wurde nach ganz Europa geliefert. „Brauhaus der Hanse" nannte man Hamburg damals.

Das brachte nicht nur viel Geld in die Stadt, sondern sorgte auch für die vielleicht beliebtesten Arbeitsplätze überhaupt. Denn die Stadt beschäftigte hauptamtliche Biertester. Diese mussten die Qualität jedes Fasses prüfen, bevor sie es für die Ausfuhr freigaben; der Ruf des Hamburger Bieres durfte auf keinen Fall durch minderwertiges Gesöff leiden. Das mussten die Hamburger selber trinken ...

Da wir schon einmal beim Bier sind. Die immer noch beliebte Mixtur aus Bier und Zitronenlimonade heißt nicht nur in Hamburg, sondern im ganzen Norden „Alsterwasser" – weil die Farbe des Flusswassers einmal genauso ausgesehen haben soll wie der Bier-Brause-Mischmasch. Erfunden hat es aber (das räumen wir gerne ein) der bayerische Wirt Franz Xaver Kugler, dessen Kneipe 1922 plötzlich von einer riesigen Gruppe Radfahrer gestürmt wurde. Weil er nicht genug Bier hatte, mixte er es mit Limo – und nannte es Radler. Wie sehr die Hamburger am „Alster" festhalten, bekam vor einigen Jahren auch der Carlsberg-Konzern zu spüren. Auf den „Astra"-Etiketten stand groß „Kiezmische" und darunter das verfemte Wort „Radler". Was für ein Eigentor! Die sonst so pfiffigen Marketing-Strategen handelten sich einen hanseatischen Shitstorm ein – und ruderten ganz schnell zurück auf die Alster.

Streifenwagen kann ja jeder

Es ist keinesfalls ein Spitzname so wie Grüne Minna oder Schwedische Gardinen; nein, in Hamburg heißen Funkstreifenwagen der Polizei ganz offiziell Peterwagen. Und jeder nennt sie auch so. Die Erklärung ist mal wieder nicht so einfach, denn es gibt (mindestens) drei Versionen: eine hannoversche, eine seemännische und eine lustige. Steigern wir uns also langsam.

Die erste Erklärung lautet: Fritz Peter. So hieß ein Kriminaloberrat aus Hannover, der die ersten mit Funk ausgestatteten Wagen 1946 in Deutschland eingeführt haben soll.

Werden wir lieber seemännisch. Demnach wurde für die Funkleitstelle der Polizei ein regionaler Name gesucht. „Peter" wurde es mit Bezug auf eine seit dem 18. Jahrhundert benutzte Signalflagge, die ein blau umrandetes weißes Feld zeigt und für den Buchstaben P steht. Englisch heißt sie Blue Repeater – in Deutschland wurde daraus Blauer Peter. Die Flagge war das Zeichen für die Seeleute, an Bord zu gehen, weil das Schiff auslaufen wollte (in Hamburg gibt es noch heute mehrere Kneipen, die „Blauer Peter" heißen und zur Unterscheidung durchnummeriert sind). Die Hamburger Polizei entschied sich also für den Namen Peter und nannte auch die Streifenwagen so, natürlich auch nummeriert.

Doch kommen wir endlich zur unterhaltsamsten Variante. Nach der begab sich ein Polizist 1946 zur britischen Besatzungsbehörde, die damals noch alles genehmigen musste. Er versuchte, mit starkem Akzent, dem Briten zu erklären, was er wollte. „Patrolcars, Sir." Der Brite verstand gar nichts. Also buchstabierte der Beamte sein Anliegen: „P like Peter". Der Brite, wohl in Zeitnot oder genervt oder beides, unterbrach ihn sofort: „Oh, I know, Peterwagen." Und da deutsche Beamte nicht zum Widerspruch neigten, kam er also zurück in die Polizeizentrale: mit der Genehmigung für „Peterwagen".

Zwei Polizisten stürmen aus ihrem Peterwagen, 1950er-Jahre

Raus aus dem Käfig

In Hamburg gibt es keinen Zoo. In Hamburg gibt es Hagenbeck. Dass es als Synonym verwendet wird so wie Nivea für Creme oder Tesa für Klebestreifen (beides übrigens aus Hamburg), hat durchaus seine Berechtigung. Denn Familie Hagenbeck hat den modernen Zoo quasi erfunden.

Als der Tierpark 1907 in Stellingen – damals vor den Toren der Stadt – eröffnet wurde, war er weltweit der erste, in dem die Tiere nicht in Käfigen, sondern ohne Gitter in Freigehegen leben konnten. Eine Idee, die alle Zoos weltweit übernommen haben. Bis heute ist Hagenbeck der einzige größere in Deutschland, der noch privat geführt wird.

Der berühmte Haupteingang, historische Ansichtskarte

Historische Aufnahme: Ein Seeelefant wird von einem Pfleger gefüttert.

Der japanische Garten im Tierpark Hagenbeck

Seine Geschichte aber reicht noch weiter zurück. Schon 1848 stellte Gottfried Hagenbeck erstmals sechs Seehunde aus. Sein Sohn Carl weitete das Geschäft am Spielbudenplatz auf St. Pauli und später am Pferdemarkt aus und machte es zur größten Tierhandlung der Welt. 1887 wurde auch ein Zirkus gegründet, der weltweit auf Tournee ging. Die Idee eines Zoos ohne Gitter wurde sogar zum Patent angemeldet. In dieser Zeit gab es aber auch ein dunkles Kapitel der Firmengeschichte: Regelmäßig wurden Völkerschauen veranstaltet, bei denen Inuit oder Massai wie Tiere präsentiert wurden. Die Menschen wurden dabei oft schlecht bezahlt, untergebracht und versorgt.
Der Tierpark in Stellingen wurde während des Zweiten Weltkriegs stark zerstört, konnte aber wieder aufgebaut und erweitert werden. Sein Status als Hamburger Institution geriet nie in Gefahr. Bis heute geht niemand in den Zoo – man geht zu Hagenbeck.

Trau dich!

Nein, wirklich lecker sieht es nicht aus, das Labskaus. Es ist ja auch mal erfunden worden für Seemänner, die wegen des häufig vorkommenden Skorbuts ihre Zähne verloren hatten. Und so findet sich auf dem Teller ein Püree aus Kartoffeln, Rindfleisch und Roter Beete, garniert mit einer Essiggurke und einem Rollmops oder Matjes. Und natürlich gehört ein Bier dazu, und als flüssige Nachspeise ein Hamburger Kümmel.

Wer (und das ist definitiv ein Fehler!) Labskaus verschmäht, dem sei der „Pannfisch" empfohlen. Das ist gebratener Fisch mit Bratkartoffeln und Senfsoße. Früher war es ein klassisches Arme-Leute-Essen, meist mit Hering zubereitet – wobei die Senfsoße die nicht immer gegebene Frische des Fischs überdecken sollte ... Heute bieten Hunderte Restaurants den Klassiker an, wobei Hering nur noch selten verwendet wird. Oft wird Seelachs genommen, manchmal kommen auch Edelfische wie Steinbutt oder Seezunge auf den Teller.

Eine Variante der „Finkwarder Scholle"

Zu den unverwüstlichen Klassikern zählt auch die „Finkwarder Scholle" oder Scholle Finkenwerder Art. Dabei wird die Scholle entweder mit Speck und Nordseekrabben gefüllt und dann gebacken oder (heute meist üblich) mit Speck in der Pfanne gebraten.

Dass typisch Hamburger Gerichte meist Fischgerichte sind, muss bei einer Hafenstadt ja nicht weiter erläutert werden. Es gibt aber auch Ausnahmen, nämlich „Birnen, Bohnen und Speck". Wobei der Name schon fast alles verrät, was man wissen muss. Man kocht durchwachsenen Speck, fügt erst „Schnibbelbohnen" (Brechbohnen) hinzu, dann halbierte ungeschälte Birnen (sie müssen klein, fest und nicht zu süß sein). Zum Schluss wird angedickt und mit Kartoffeln serviert.

Zum Abschuss gibt es natürlich noch etwas Süßes. Klar, das Franzbrötchen, das es in Hamburg bei jedem Bäcker gibt. Es handelt sich um speziell aufgerollten Plunderteig, der mit reichlich Zucker und Zimt gefüllt ist. Es empfiehlt sich eine Serviette, denn die Finger werden garantiert „backsig" (klebrig) – aber das lohnt sich.

Das Klugscheißer-Quiz:

1. Was ist ein Tüdelband?

2. Was bedeutet „lütt un lütt"?

3. Worum handelt es sich bei einem Elbsegler?

4. Welche Bedeutung hat die Kehrwiederspitze in Hamburg?

5. Was ist ein Südwester?

6. Was ist gemeint, wenn sich jemand „nach Ohlsdorf abgesetzt hat"?

7. Wenn jemand sagt, jetzt mache er „foffteihn", meint er was?

8. Was ist der „Mors"?

9. Und worum handelt es sich bei einem „Rundstück warm"?

10. Wer bitte ist ein Bagalut?

11. Waren Sie schon mal bregenklöterich?

12. Muss man beleidigt sein, wenn man „Dröhnbüdel" genannt wird?

13. Was ist eine Zitronenjette?

14. Wer war der „Lord von Barmbeck"?

15. Was ist das Senatsgehege?

16. Wo und was ist „Pulvermanns Grab"?

Antworten:

1. Das ist in Hamburg vor allem ein Fassreifen oder eine Fahrradfelge – in früheren Zeiten ein sehr beliebtes Spielzeug, das von Jungs mithilfe eines Stocks durch die Straßen getrieben wurde. Besondere Bedeutung hat das Tüdelband aber durch die Gebrüder Wolf erlangt – die mit dem Lied „An de Eck steiht 'n Jung mit 'n Tüdelband" die inoffizielle Hamburger Nationalhymne geschrieben haben. Vor allem den Refrain kann noch heute fast jeder mitsingen: „Klaun, Klaun, Äppel wüllt wi klaun/Ruck zuck övern Zaun/Ein jeder aber kann dat nich, denn he mutt schon Hamborger sein."

Die Gebrüder Wolf waren Anfang des 20. Jahrhunderts sehr populär und traten oft mit ihren derben Couplets auf. Wegen ihrer jüdischen Herkunft wurden sie ab 1933 mit einem Auftrittsverbot belegt. Während Ludwig Wolf dem Holocaust entging, obwohl er in Hamburg blieb, wurde sein Bruder James in Theresienstadt ermordet. Heute erinnern Gedenksteine und der Gebrüder-Wolf-Platz an die Tüdelband-Schöpfer.

2. Hochdeutsch heißt das „klein und klein" und bezieht sich auf Bier und Korn. Dazu gab es spezielle Biergläser für 0,1 Liter, wobei es durchaus üblich war, beide Gläser gleichzeitig zu halten und zu leeren. Eine weitgehend verlorengegangene Kunst. In einigen Kneipen wird man bei dieser Bestellung aber immer noch ohne Nachfragen Korn und ein kleines Bier erhalten, wenn auch 0,2 Liter.

3. Wenn Sie auf irgendetwas Richtung Boot getippt haben, nicht frustriert sein – das geht allen so. Der Elbsegler ist eine Mütze, genauer gesagt eine dunkelblaue Schirmmütze, die aus Marinetuch gefertigt wird. Sie hat einen etwa drei Zentimeter hohen Rand mit einem Lederriemen, der unters Kinn geklemmt werden kann – der Elbsegler soll ja bei Sturm nicht wegfliegen.

Hat die Mütze statt des Riemens eine Kordel, spricht man auch von einem „Altstädter". Wer nun ein altes Bild von Helmut Schmidt vor Augen hat, dem sei gesagt, dass der Altkanzler nie einen Elbsegler trug – sondern eine „Helgoländer Lotsenmütze". Die wiederum wurde gern ver- wechselt mit der „Prinz-Hein- rich-Mütze", die auch durchaus ähnlich ist, aber einen höheren Steg hat und auf den Großadmi- ral Prinz Heinrich von Preußen zurückgeht – der aber nun ganz bestimmt kein Hamburger war.

„Reepschläger", „Elbsegler" und „Sommer-Elbsegler" (v.l.n.r) heißen die Mützen, die die Dekorationsköpfe im Hamburger Geschäft „Walther Eisenberg" tragen, während der Inhaber einen sogenannten Fleeten- kieker auf dem Kopf trägt.

4. „Kehrwieder" hieß eine Straße, ungefähr dort, wo heute die Elbphilhar- monie steht. Die Kehrwiederspitze war logischerweise am Ende, direkt am Wasser. Gern wird nun erzählt, sie heiße deswegen so, weil früher die Frauen, Freundinnen und Mütter der Seemänner dort standen und ihren Liebsten auf den auslaufenden Schiffen hinterher winkten – in der Hoffnung, sie würden nicht auf See bleiben, sondern gesund zurückkehren. Die Wahrheit ist deutlich unromantischer: Weil die Straße überall am Wasser endete, war es schlicht eine Sackgasse – es blieb einem also nichts anderes übrig, als wiederzukehren. Falls man nicht schwimmen wollte, was sich im Hafen aber auch früher nicht empfohlen hat.

5. Schon wieder eine Kopfbedeckung – und noch eine für Seeleute. Der Süd- wester ist Ölzeug, wie Regenkleidung noch heute bei Seemännern genannt wird. Früher wurde der Stoff (meist Leinen) mit Öl imprägniert, später dann mit Kautschuk. Der Südwester hat eine lange Krempe, damit der Regen nicht in den Kragen läuft. Warum er so heißt? Sein Name hat wahrscheinlich norwegische Wurzeln und weist auf die Himmelsrichtung hin, aus der meist der Regen kommt.

6. Hier sind wir im Bereich des schwarzen Humors. Wenn auf die Frage, wie es denn dem Ehemann gehe, geantwortet wird, der habe sich nach Ohlsdorf abgesetzt, dann ist er gestorben. Denn im Stadtteil Ohlsdorf befindet sich der größte Hamburger Friedhof (es ist sogar der größte Parkfriedhof der Welt).

7. Dann macht er erstmal Pause. Das plattdeutsche Foffteihn heißt 15 – und 15 Minuten Pause durften die Arbeiter machen. Eine andere Version bezieht sich auf das Zählen: So durften die Arbeiter im Hafen beim Verladen von Säcken nach 15 Stück eine Trinkpause einlegen.

8. Um es ganz klar zu formulieren: Diese Frage ist für'n Arsch.

9. Gab es früher in fast jeder Gaststätte: Rundstück heißen in Hamburg Brötchen, die wurden mit einer Scheibe Schweine- oder Rinderbraten belegt und mit Soße übergossen. Rundstücke gibt es noch, Rundstück warm ist selten geworden.

10. Das ist eines der alten Schimpfwörter, die längst ins Gegenteil verkehrt wurden. Es bedeutet in etwa Rüpel, heißt aber heute eher etwas in Richtung „liebenswerter Chaot". Die (zumindest in Norddeutschland) berühmt-berüchtigte Band Torfrock gibt noch immer alljährlich im Dezember ein Konzert in der Alsterdorfer Sporthalle und nennt es „Bagaluten-Wiehnacht".

11. In der harmlosen Variante: wahrscheinlich ja. Wenn wir es mit „verwirrt" übersetzen. Man könnte aber auch verrückt, schwachsinnig, dement als Synonyme nennen. Aber wie stets klingt auch hier im Plattdeutschen alles weniger hart und ein bisschen netter. Bregen ist natürlich das Gehirn, klötern bedeutet klappern. Aber gehirnklapperig würde nun wirklich keiner sagen.

12. Vielleicht ein bisschen. Schließlich ist ein Schwätzer gemeint. Einer, der weitgehend sinnlos dahinschwadroniert. Was zumindest den Ureinwohnern der norddeutschen Tiefebene suspekt ist.

13. Vor allem wird hier die falsche Frage gestellt, denn es gab nur eine Zitronenjette und die hieß Johanne Henriette Marie Müller und lebte von 1841 bis 1916. Heute erinnert ein Denkmal an das Hamburger Original, das allerdings ein trauriges und tragisches Schicksal hatte. Die kleinwüchsige Frau war Alkoholikerin und versuchte, mit dem Straßenverkauf von Zitronen aus ihrem Henkelkorb ihren Lebensunterhalt zu verdienen. Zeit ihres Lebens lebte sie am Rande der Gesellschaft und war Ziel boshaften Spotts. In ihren

Das Denkmal für die Zitronenjette steht in der Nähe des Michels.

letzten Jahren wurde sie in die Irrenanstalt – so hieß das damals offiziell – Friedrichsberg eingeliefert. Die war zu ihrem Glück eine der modernsten in ganz Europa. Ihr Ansatz, die Patienten nicht einfach wegzusperren, sondern menschenwürdig zu behandeln, war damals revolutionär.

Populär wurde die Figur der Zitronenjette durch das gleichnamige Theaterstück von Paul Möhring, das im St. Pauli-Theater mehr als 1000-mal aufgeführt wurde. Die Titelrolle wurde immer männlich besetzt; besonders oft spielte Henry Vahl die Jette.

14. Ganz bestimmt kein Adliger. Dafür der populärste Verbrecher der Hamburger Geschichte. Das lag daran, dass der 1882 in ärmlichen Verhältnissen im Arbeiterstadtteil Barmbeck geborene Julius Adolf Petersen zwar ein Krimineller war, aber kein Mörder und, vor allem, sich und sein Tun zu inszenieren wusste. Mit seiner bis zu 200 Mitglieder umfassenden Bande wurde er zum berüchtigten Geldschrankknacker, der spätestens 1920 nach einem Überfall auf das Postamt Susannenstraße im Schanzenviertel zur Berühmtheit wurde (er erbeutete 221.000 Mark). Petersen war in den Jahren, die er nicht im Gefängnis verbrachte, stets gekleidet, als käme er gerade aus einem Londoner Gentlemen's-Club – deshalb wurde er im Volksmund zum Lord von Barmbeck. Seine Bande wurde auch „Barmbecker Verbrechergesellschaft" oder „Petersen-Konzern" genannt. Wurde ein Mittäter gefasst, wurden gute Anwälte engagiert und die Familien versorgt. 1927 schrieb er im Gefängnis seine Autobiografie, die Grundlage für eine Verfilmung (1972 mit Martin Lüttge als Petersen) wurde. Als schon die Nazis an der Macht waren, erhängte er sich am 21. November 1933 in seiner Zelle im Untersuchungsgefängnis.

15. Das ist ein seit Gründung des Tierparks Hagenbeck bestehendes Affengehege, dessen Bewohner stets nach den jeweils amtierenden Senatoren benannt werden.

Nein, natürlich nicht – so viel Selbstironie ist der Stadtregierung denn doch fremd. Gehege bedeutet eigentlich „abgegrenzter, befriedeter Raum", und den gab es schon im ersten mittelalterlichen Hamburger Rathaus. Damals mussten alle, die diesen Raum betraten, ihre Waffen ablegen. Heute kommen die Gäste des Senats zwar eher selten mit Schwert am Gurt, der Begriff Senatsgehege hat sich aber gehalten. So heißt auch heute noch der Teil des Rathauses (im rechten Flügel), in dem der Senat berät – der linke ist der Bürgerschaftsflügel, wo das Parlament tagt und die Fraktionen ihre Räume haben.

16. Es ist durchaus leichenfrei und steht in Klein Flottbek. Grab heißt es, weil die Hoffnungen so vieler Springreiter, das Deutsche Springderby zu gewinnen, an diesem Hindernis Nr. 14 gestorben sind. Es ist eine weltweit einzigartige Kombination aus einem Steilsprung, dem eine steile Böschung hinab folgt, dann ein Wasserhindernis und schließlich ein Aussprung. Erdacht hat es der Kaufmann und Reiter Eduard Pulvermann 1919 – als er es zu überwinden suchte, warf sein Pferd ihn ab und er flog in hohem Bogen in den Dreck. Sein Freund Erich von Buddenbrock-Pläswitz rief spontan aus: „Das ist Pulvermanns Grab!" Seitdem ist es Teil des Derby-Parcours und stellt bis heute auch die weltbesten Reiter vor eine große Herausforderung.

1941 wurde Pulvermann inhaftiert, angeblich wegen Devisenvergehen, tatsächlich wegen seines jüdischen Großvaters – er starb 1944 an den Folgen seiner Haft. Erst 2011 wurde das Urteil gegen ihn aufgehoben.

Das tatsächliche Grab Eduard Pulvermanns auf dem Friedhof Ohlsdorf hat mit dem berühmten Ausruf nichts zu tun.

Hamburg. Eine Zeitreise

Ab 15.000 v. Chr.: Altsteinzeitliche Rentierjäger durchqueren regelmäßig Hamburger Gebiet.

4. Jahrhundert v. Chr.: Erste feste Siedlungen.

1. Jahrhundert n. Chr: Besiedlung durch Sachsen, unter anderem im heutigen Fuhlsbüttel und Farmsen/Berne.

8. Jahrhundert: Bau der ersten Hammaburg in der heutigen Altstadt.

831: Gründung des Erzbistums Hamburg/Bremen – Ansgar wird erster Bischof.

845: Dänische Wikinger überfallen und plündern die Hammaburg – Ansgar flieht und verlegt den Bischofssitz vorerst nach Bremen.

915/983: Überfälle slawischer Abodriten.

1021: Herzog Bernhard II. aus dem Haus der Billunger lässt die „Neue Burg" errichten und erweitert so die Stadt.

1066/1072: Erneute slawische Überfälle, endgültige Verlegung des Bischofssitzes nach Bremen.

1189: Gründung der Neustadt, planmäßige Ansiedlung auswärtiger Kaufleute und Handwerker, Verleihung der Stadtrechte durch Kaiser Friedrich Barbarossa – die entsprechende Urkunde erwies sich im 20. Jahrhundert als Fälschung.

1201: Dänische Besetzung.

Die Statue des Erzbischofs Ansgar wurde von Engelbert Peiffer erstellt und steht auf der Trostbrücke in Hamburg.

1216: Erster Rathausbau.

1227: Norddeutsche Fürsten siegen gemeinsam mit Hamburg und Lübeck bei Bornhöved gegen die Dänen. Hamburg befreit sich bis Ende des Jahrhunderts von fürstlicher Herrschaft und regiert sich selbst mit einem Rat, dem vor allem Patrizier angehören.

13. Jahrhundert: Starkes Wachstum, Bau von Mühlen, Hafenanlagen und Stadtbefestigung, Eindeichung von Elbinseln.

1270: Hamburg gibt sich mit dem „Ordelbook" ein eigenes Rechtsbuch. Enge Zusammenarbeit mit Lübeck, Anfänge der Hanse.

1299: Erwerb der Nordsee-Hallig Neuwerk und Bau eines Wehrturms, um die Schifffahrt zu sichern.

Der Neuwerker Leuchtturm von 1310, Hamburgs ältestes Gebäude

1350: Pestausbruch – etwa ein Drittel der rund 12.000 Einwohner stirbt.

Bis 1400: Starkes Wachstum, Blütezeit der Hanse, als dessen „Brauhaus" Hamburg gilt. Es gibt mehr als 500 Brauereien in der Stadt.

1401: Hinrichtungen von Piraten, unter anderem Godeke Michels, auf dem Kleinen Grasbrook. Klaus Störtebeker war entgegen der Legende nicht darunter – neue Forschungen bezweifeln, dass er überhaupt ein Pirat war.

1410: Erster „Rezess" – schriftliche Niederlegung der Bürgerrechte und -pflichten.

1420: Gemeinsam mit Lübeck Eroberung Bergedorfs zur Sicherung der Handelswege.

1458/1483: Politische Unruhen – Handwerker und Höker fordern mehr Mitsprache und setzen sich teilweise durch. Seitdem regelmäßige Proteste, die zu einem Dutzend neuen „Rezessen" führen.

1529: Hamburg wird lutherisch.

1558: Eröffnung der Börse.

Bis 1625: Bau einer modernen Befestigungsanlage, die Hamburg im 30-jährigen Krieg vor der Eroberung und Plünderung bewahrt.

1647: Bau der ersten Michaelis-Kirche („Michel").

1664: Der dänische König verleiht dem benachbarten Altona Stadtrechte. Damit sowie der Gründung von Glückstadt an der Niederelbe will er Hamburg, das er für sich beansprucht, Konkurrenz machen.

1686: Belagerung der Dänen.

1699: Neuerlicher Rezess verankert die Rechte der Bürgerschaft gegenüber dem Rat.

1737: Gründung der ersten deutschen Freimaurerloge.

1750: Der Michel brennt nieder.

1762: Einweihung des Neubaus.

1786: Hamburg hat 100.000 Einwohner.

1787: Gründung der Armenanstalt.

1804: Hamburg lässt als Zeichen der Neutralität in den Napoleonischen Kriegen die Stadtbefestigung einreißen.

1806: Die Franzosen besetzen die Stadt und setzen die Kontinentalsperre – ein Handels-Boykott gegen England – durch. Hamburgs Wirtschaft leidet extrem.

1811: Als Hambourg wird die Stadt Teil des französischen Kaiserreichs.

1814: Die Franzosen plündern Hamburgs Banken, bauen die Stadt zur Festung aus, reißen Hunderte Häuser ein und vertreiben 30.000 Menschen, die nicht genug zu essen haben, im Winter aus der Stadt – Tausende sterben. Im Mai ziehen die Franzosen ab – die Stadt hat die Hälfte der Bevölkerung verloren und ist bankrott.

Nach 1815: Hamburg erholt sich relativ rasch, macht aber die Reformen der Franzosen (moderne Gesetze, Geschworenengerichte, Gleichstellung der Juden) wieder rückgängig.

1842: Die erste Bahnlinie wird eröffnet, sie führt nach Bergedorf.

1842: Der „Große Brand" zerstört fast ein Drittel der Stadt, darunter auch das Rathaus und die Nikolaikirche, es gibt aber nur wenige Tote. Die Stadt wird nach modernen Grundsätzen wieder aufgebaut und erhält eine Kanalisation.

Hopfenmarkt und Nikolaikirche in Flammen, 5. Mai 1842. Zeitgenössische Druckgrafik

1848: Die Revolution verläuft in Hamburg vergleichsweise ruhig, die Forderung nach Modernisierung der Verfassung wird aber immer lauter.

1860: Die neue Verfassung regelt, dass ein Teil der Bürgerschaft gewählt wird – aber nur von Männern, die ein gewissen Vermögen haben. Die Torsperre wird aufgehoben.

1867: Hamburg tritt dem Norddeutschen Bund bei und verliert Teile seiner Souveränität.

1871: Hamburg wird als Freie Reichsstadt Teil des Deutschen Reichs, tritt aber erst 1888 der Zollunion bei – gleichzeitig wird die Speicherstadt gebaut und der Freihafen eröffnet.

1890: Die im Zuge der Industrialisierung stark gewordenen Sozialdemokraten gewinnen alle Hamburger Reichstagsmandate. In der Bürgerschaft sitzt wegen des undemokratischen Wahlrechts mit Otto Stolten erst 1901 ein einziger Abgeordneter der SPD.

1892: In der Stadt bricht eine Cholera-Epidemie aus, die sich in den engen Gängevierteln mit seinen katastrophalen hygienischen Zuständen rasch ausbreitet, zumal in den Wasserleitungen ungefiltertes Elbwasser fließt. Die Behörden reagieren völlig unfähig, sorgen sich mehr um den Handel als um die Menschen und leugnen lange, dass es eine Epidemie gebe – als Folge sterben 8600 Menschen. Im eng benachbarten Altona gibt es kaum Tote – dort wird das Wasser gefiltert.

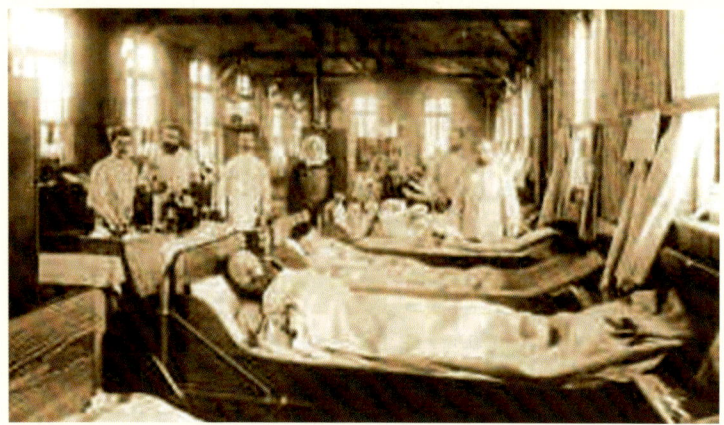

Cholerabaracke, 1892

1897: Nach elf Wochen endet der große Hafenarbeiterstreik mit 17.000 Beteiligten mit einem Sieg der Unternehmer. Aber Hamburg bleibt die Hochburg der SPD, der Gewerkschaften und der Genossenschaften.

1897: Nach 44 Jahren Planung und elf Jahren Bauzeit wird das Rathaus eingeweiht.

1906: Erschrocken über den Einzug von elf Sozialdemokraten in die 120-köpfige Bürgerschaft wird das Wahlrecht verschärft –das geht als Wahlrechtsklau in die Geschichte ein.

1906: Der Hauptbahnhof wird eingeweiht.

1911: Der Elbtunnel wird fertiggestellt – er gilt als technisches Meisterwerk. In Fuhlsbüttel wird der Luftschiffhafen eröffnet – der Vorläufer des heutigen Flughafens.

1912: Die U-Bahn nimmt ihren Betrieb auf.

1913: Der Passagierdampfer „Imperator" läuft vom Stapel – es ist das größte Schiff der Welt.

1914: Ausbruch des Weltkriegs, in dem 34.000 Hamburger Soldaten fallen. Ab **1916** gibt es Lebensmittelengpässe.

1916/17: Im Winter kommt es zu Hungerunruhen und Plünderungen.

1918: Im November greift die Revolution auf Hamburg über. Der Senat wird abgesetzt, ein Arbeiter- und Soldatenrat gegründet.

1919: Die gemäßigte SPD gewinnt bei den ersten demokratischen Wahlen die absolute Mehrheit; die neue Verfassung tritt in Kraft. Mit Rücksicht „auf die alten Eliten" verzichtet die SPD auf den Posten des Ersten Bürgermeisters.

1919: Die Universität wird gegründet.

1919: Im Juni kommt es zu den „Sülzeunruhen", weil ein Schlachter angeblich Hunde und Katzen verarbeitet hat. Die immer noch hungernde Bevölkerung probt den Aufstand, der mit Reichstruppen brutal niedergeschossen wird.

1920er-Jahre: Zahlreiche Reformen werden umgesetzt: Volks- und Reformschulen, sozialer Wohnungsbau.

1929: Die Weltwirtschaftskrise trifft die Handelsstadt besonders stark.

1933: Die NSDAP übernimmt – für sie selbst überraschend – problemlos die Macht in der „Roten Festung" Hamburg.

1937: Mit dem „Groß-Hamburg-Gesetz" werden Harburg, Wandsbek und Altona eingemeindet.

1938: In der Pogromnacht wird auch die Große Synagoge am Bornplatz niedergebrannt.

Die Synagoge am Bornplatz

1938: Das KZ Neuengamme wird gebaut – bis Kriegsende finden etwa 50.000 von insgesamt 100.000 Häftlingen den Tod.

1941: Beginn der zum Teil öffentlichen Juden-Deportationen.

1943: Ende Juli, Anfang August fliegen britische und US-amerikanische Einheiten die bis dahin schwersten Bombenangriffe der Geschichte. Bei der „Operation Gomorrha" sterben mindestens 43.000 Menschen. Viele Stadtteile werden vollständig zerstört, manche wie Hammerbrook nie wieder aufgebaut.

1945: Am 2. Mai besetzen britische Truppen kampflos die Stadt. Die gern verbreitete Ansicht, dass Hamburg den Nazis vergleichsweise distanziert gegenüber gestanden habe, ist eine Lüge.

1946: Im Oktober wird die SPD bei den ersten Wahlen klar stärkste Kraft. Max Brauer wird Erster Bürgermeister, er war bis 1933 bereits in Altona Bürgermeister gewesen.

1949: Hamburg wird Bundesland der Bundesrepublik Deutschland.

1957: Kurt Sieveking (CDU) gewinnt mit einem „Bürgerblock" die Wahl und

wird Bürgermeister, vier Jahre später verliert er das Amt wieder an Max Brauer.
1962: Bei der großen Sturmflut am 16./17. Februar brechen zahlreiche Deiche,
vor allem Wilhelmsburg ist betroffen – 317 Menschen sterben.

Überflutete Straßen in Wilhelmsburg, 1962

1967: Der Fernsehturm wird fertiggestellt; typisch für die Zeit entstehen die City Nord, das Congress Centrum, der Neue Elbtunnel und die Köhlbrandbrücke – sowie viele Großsiedlungen mit Wohn-Hochhäusern.

1978: Die letzte Straßenbahnlinie wird eingestellt.

1981: Zum Abriss vorgesehene Häuser an der Hafenstraße werden besetzt, es folgen jahrelange heftige Auseinandersetzungen, bis Bürgermeister Klaus von Dohnanyi 1987 einen Vertrag mit den Besetzern schließt – eine Genossenschaft wird gegründet.

Hafenstraße

1982: Die Grün-Alternative Liste (GAL) zieht in die Bürgerschaft ein.

1986: Mit 1,57 Millionen Einwohner erreicht die Bevölkerungszahl einen Tiefstand; seitdem steigt sie kontinuierlich an.

2001: Zahlreiche Attentäter des 11. September in New York und Washington hatten in Hamburg gelebt und hier die Anschläge geplant („Hamburger Zelle").

2001: Ole von Beust (CDU) bildet eine Koalition mit FDP und Schill-Partei – die Rechtspopulisten waren sensationell mit 19,4 Prozent der Stimmen in die Bürgerschaft eingezogen. Zuvor hatte die SPD 44 Jahre lang regiert.

2002: Der Bau der HafenCity beginnt. Das 220 Hektar große Areal auf ehemaligem Freihafengelände ist das größte innerstädtische Stadtentwicklungsprojekt Europas.

2011: Olaf Scholz (SPD) gewinnt aus der Opposition heraus die absolute Mehrheit.

2017: Die Elbphilharmonie wird eröffnet – nach fast zehnjähriger Bauzeit und zahlreichen Skandalen. Die Kosten haben sich fast verzwölffacht: auf rund 900 Millionen Euro.

2017: Der G20-Gipfel wird zum Desaster für Politik und Polizei, die gewaltsame Ausschreitungen, Plünderungen und das Anzünden Dutzender Autos nicht verhindern können.

Was andere über Hamburg sagen

Es bleibt Hamburg, diese großartige Synthese einer Stadt aus Atlantic und Alster, aus Buddenbrooks und Bebel, aus Leben und Lebenlassen. Ich liebe diese Stadt mit ihren kaum verhüllten Anglizismen in Form und Gebärden, mit ihrem zeremoniellen Traditionsstolz, ihrem kaufmännischen Pragmatismus und ihrer zugleich liebenswerten Provinzialität.
Helmut Schmidt

Ich mag in Liverpool geboren worden sein –
aber aufgewachsen bin ich in Hamburg.
John Lennon

In dem Moment, wenn ich mit dem Zug in Hamburg einfahre –
vom Hauptbahnhof über die Alster, links der Jungfernstieg, rechts
die Außenalster – da geht immer mein Herz auf.
Jan Delay

Hamburg ist eine sehr tolerante Stadt. Man darf hier
zu dick sein, ohne des Landes verwiesen zu werden.
Hellmuth Karasek

Die Stadt, zur Hälfte abgebrannt,
Wird aufgebaut allmählig;
Wie 'n Pudel, der halb geschoren ist,
Sieht Hamburg aus, trübselig.
Heinrich Heine

Hamburg ist derart familiär für mich,
dass ich mich nicht mal frage, wie es ist
und ob ich es vermisse. Wenn ich durch
den Hafen schippere, dann habe ich das
Gefühl, meine Kindheit war gestern.
Karl Lagerfeld